Der innere Weg

Der innere Weg

Hinweise und nützliche Ratschläge
auf dem Weg des Heils

von einem
ungenannten Verfasser

Anno Domini 1772
zu Solingen

Neuauflage 2020
Herausgegeben von Klaus Kardelke
Umschlagbild: Pixabay

Bibliografische Information der Deutschen Nationalbibliothek: Die
Deutsche Nationalbibliothek verzeichnet diese Publikation in der
Deutschen Nationalbibliografie; detaillierte bibliografische Daten sind
im Internet über http://dnb.dnb.de abrufbar.
Herstellung und Verlag: BoD – Books on Demand, Norderstedt

ISBN 978-3-7519-6819-5

Vorbericht

Diese drei Briefe, die jetzt dieses Büchlein ausmachen, sind nicht geschrieben, um sie durch den Druck bekannt zu machen, sondern um ein gewisses, einfältig Gott suchendes Gemüt erstlich in den Anfängen und nachher in dem Fortgang des Heilswegs zu unterrichten. Diesem Gemüte nun, sowohl wie auch vielen anderen heilsbegierigen Seelen sind diese Briefe abschriftlich durch Beistand göttlicher Gnade zum großen Segen und Fortgang auf ihrem Gnadenwege gewesen. Fast alle, die die Briefe gelesen, wünschten sie im Druck zu sehen, wozu dann endlich der Verfasser (der dieselben nicht aus der Vernunft, sondern aus innerer Erfahrung durch göttliche Erleuchtung, wiewohl mit laufender Feder geschrieben) eingewilligt, mit dem Verlangen und der Bitte, dass ein jeder Leser dieses Büchleins ohne Vorurteil mit einem heilsbegierigen, aufrichtigen und einfältigen Herzen in stiller Gemütsfassung gebrauchen und den daraus ihm zufließenden göttlichen Segen (womit der Herr dasselbe begleiten wolle!), dem Ursprung alles Guten einzig und allein zueignen möge und ihm ein ganz ergebenes Herz zur Dankbarkeit dafür zu bringen; ihn, den Verfasser aber, dem Liebesherzen Gottes im Gebet anempfehlen wolle.

Und weil er befürchtete, dass einige Gemüter, die aus diesem Büchlein Trost und Segen erhalten würden (woran gar nicht zu zweifeln), ihm Lob und Ehre zulegen möchten, so hat er ausbedungen, weil er auch ohnedies gern unbekannt bleiben will, ihn gar nicht zu offenbaren und seinen Namen ganz zu verschweigen. Daher findet man am Ende jedes Briefes statt einer Unterschrift nur seinen Wahlspruch.

Der Freund des Verfassers

Erster Brief

In der Gnade Jesu geliebter Bruder!

Du verlangst gerne von mir zu wissen, wie der Weg des Heils, davon so viele, ja die meisten Menschen nur nach ihrer Vernunft reden, der Erfahrung nach zu gehen ist.

Obschon wir nun nach 1. Petr. 3,15 sollen Antwort geben demjenigen, der Grund fordert unseres Glaubens und der Hoffnung, die in uns ist, so möchte ich dieses doch gerne einen tiefer Erfahrenen beantworten lassen. Indessen weil wir uns nicht zu rühmen haben, weil alles Gute, so wir haben und besitzen, Gottes ist, der der alleinige Ursprung desselben, wir selbst aber nur ein Zusammenfluss alles Bösen sind; eben daher hat auch eine jede Seele, wenn sie sich nicht an einer Abgötterei schuldig machen will, alles Gute, so ihr durch die Kreatur oder Mittel als durch einen Kanal zugesandt wird, allein aus der Hand Gottes anzunehmen und Ihm auch wieder in Demut zuzubringen. Aus diesem Grunde dann werde ich in aller Einfalt und möglichster Kürze den Weg zum Heil, den der liebe Heiland als unser Muster uns vorgewandelt und welchem wir sollen nachfolgen (Luk. 9,23; 1. Petr. 2,21), so wie ich denselben bei mir nebst andern begnadigten Seelen (doch wohl mit einigem Unterschied) nach der Erfahrung erkenne und in Wahrheit befinde, vorzustellen suchen.

Die zuvorkommende Gnade Gottes überzeugt fast alle Menschen, dass sie außer Gott und seiner Gnade sind und auf dem Wege des Verderbens zur Verdammnis wandeln. Dieses bekräftigt der heilige Paulus, wenn er sagt: Die heilsame Gnade Gottes ist allen Menschen erschienen und züchtigt uns, dass wir das ungöttliche Wesen und die weltlichen Lüste verleugnen sollen (Tit.

2,11). Wie verhält sich aber nun dagegen der arme Mensch? Ach, er kehrt Gott, dem höchsten Gut, aus dessen Gemeinschaft er durch die Sünde so jämmerlich tief heruntergefallen, nur den Rücken zu! Er will von dem Wege Gottes zu seiner Wiederbringung nichts wissen (Hiob 21,14)! Er liebt das Böse, das ungöttliche Wesen und die weltlichen Lüste, denen er mit allen seinen edlen Seelenkräften nachhängt, mehr als Gott und seine heilbringende Gnade, wovon er sich nicht züchtigen, überzeugen noch bekehren lassen, sondern weltlich gesinnt bleiben will, welches eine Feindschaft gegen Gott ist. (Röm. 8,7). Und also ist der Mensch selbst schuld an seiner eigenen Verdammnis, weil er dieser überzeugenden Gnade Gottes kein Gehör gibt. Denn Gott selbst hat kein Gefallen am Tode des Sünders (Hesek. 33), und will nicht dass jemand verlorengehe (2. Petr. 3,9), sondern dass allen Menschen geholfen werde (1. Tim. 2,4).

Gibt aber eine Seele dieser züchtigenden und überzeugenden Gnade Gottes Gehör und folgt derselben, so wird sie auch immer kräftiger an ihr und zwar auf folgende Weise:

Zuerst wird der Seele ihr verdammlicher Zustand, das große Sündenregister, entweder wie auf einmal oder mehr nach und nach lebendig vor Augen gestellt, und darauf lässt diese heilsame Gnade der Seele keine Ruhe, sondern treibt sie mit Wacht an zum Gebet und Flehen zu Gott in Christo (1. Tim. 2,5). Sie mag nun sich wenden und laufen, wohin sie will, keine Kreatur kann sie erlösen, sondern Gott fordert eine wahrhafte Busse für die Sünde (Luk. 3,8), und kein anderes Opfer als ein bußfertiges und zerschlagenes Herz gefällt ihm (Ps. 51,19). Daher kann sie nicht eher Ruhe noch Befriedigung für ihr nun aufgewachtes und höchst banges Gewissen finden, bis sie in wahrer Busse und tiefster Reue, samt einem offenherzigen Bekenntnis ihrer Sünden sich zu Gott wendet (Psalm 32).

O wie teuer und kostbar wird einer solchen Seele, die nun weder bei sich selbst noch in der ganzen Welt keine Hilfe noch Errettung sieht, nunmehr Jesus, seine Verdienste und seine Gnade! Sie sinkt dann in tiefster Demut und Reue, dass sie einen solchen Heiland und Freund ihrer Seele, der so unaussprechlich viel für sie getan, der so lange an ihrem Herzen vergeblich angeklopft und auf ihre Wiederkehr gewartet, mit ihren Sünden so schmerzlich betrübt hat, zu seinen Füssen nieder. Sie sucht nun bei Ihm allein die Versöhnung und Tilgung für ihre Sünden (Apg. 4,12), und wagt es, ihr Vertrauen auf seine unendlichen Verdienste zu setzen; ja sie übergibt sich Ihm von nun an zum ewigen Eigentum; dem Teufel, der Welt und der Sünde hingegen von Grund ihres Herzens den Dienst absagend. Und um dieses zu tun, schenkt der Herr einer solchen Seele allezeit seine Gnade.

Falls aber eine Seele davon nicht gänzlich ablassen und diesen Feinden Gottes den Dienst nicht absagen und den Krieg ankündigen will, so dass sie auch ihre allerliebsten Schoß-Sünden und Ergötzlichkeiten, worüber sie doch ihr Gewissen bestraft, noch heimlich beibehalten und denselben nachgehen will, so lange handelt sie noch nicht aufrichtig und hat bei einem so vermischten Wesen und Hinken auf beiden Seiten weder Vergebung ihrer Sünden noch Ruhe des Gewissens zu erwarten; sondern sie wird von diesen geheimen Banden gefesselt und gedrückt (wenn sie nicht gar zur Welt und Sünde offenbarlich wieder zurückkehrt) in großer Not einhergehen müssen. Würde sie aber alles der Gnade williglich loslassen, so würde sie auch bald von allem Druck und Qual ihres Gewissens erlöst werden und die Versöhnung finden; ja Jesus würde ihr mit Trost und

Süßigkeit in ihr Herze reden: Deine Sünden sind dir vergeben!

Nachdem dann nun die Seele die Vergebung ihrer Sünden erhalten, und ihr Gewissen gestillt worden, so empfängt sie von ihrem lieben Heiland viel Gnade und Kraft, mit Trost und Süßigkeit verpaart, um in seine Fußstapfen einzutreten, darin fortzuwandeln (Luk. 5,20), und der Heiligung nachzujagen (Hebr. 12,14). Sie hat nun den Grund ihres geistlichen Gebäudes gelegt, worauf sie ihre Heiligung bauen soll (1. Petr. 2,5). Nunmehr soll sie anfangen sich zu reinigen, vorerst von aller Befleckung des Fleisches und hernach des Geistes, welchen die Eigenheit befleckt hat (2. Kor. 7,1). Weil sie dieses aber unmöglich selbst aus eigener Kraft tun kann, so verschafft Gott, durch die ihr mitteilende Gnade, so sie in ihren Andachtsübungen, als Beten, Singen, Lesen, Predigthören und Abendmahlgehen (desgleichen in Betrachtung der Werke Gottes und der Leiden ihres Heilandes mit viel Trost und Süßigkeiten gleich einer geistlichen Milch, um dadurch zu wachsen und zuzunehmen) empfängt, dass sie dadurch Kräfte bekommt, um in allen vorkommenden Verleugnungen wirksam zu sein.

Ja, Gott wirkt auch selbst mit der Seele, und gibt ihr sogar das Wollen und das Vollbringen, um diese Reinigung auszuüben. Nur kommt es darauf an, dass sie sich stets zu Ihm halte! Alsdann wird es ihr wahrlich eine Lust und ein Leichtes sein, sich von allem Bösen zu enthalten, dem Begehren der Natur nicht zu willfahren, oder ihrem Fleisch und Blut nicht den Willen zu lassen (1. Mose 4,7), sich der Welt nicht gleichzustellen (Röm. 12,2), sondern dieselbe, sowie deren Freundschaft und Ergötzlichkeit, zu hassen und zu verschmähen (1. Joh. 2,15), ja gar ihre Freunde und Verwandten, wenn sie ihr an ihrem Seelenheil hinderlich sind, dranzugeben und sich davon abzusondern (Luk. 14,26; 1. Mose 12,11), um nur Gott und seinem Willen allein zu leben und Ihn über alles zu lieben. Und diese Wirksamkeiten und Verleugnungen macht Gott der Seele, wie gesagt, durch die vielen Süßigkeiten, womit Er ihre Treue allemal belohnt, so leicht, dass sie aus großer Liebe zu Jesu solches gern und willig tut, ja alles für Kot und Schaden achtet, was ihrem Heiland missfallen kann. Nun geht sie tapfer und mutig einher, durch Schmach und Verachtung, und hat ihre Herzenslust und Freude daran, ihrem Heiland darin ähnlich und sein Nachfolger zu werden (1. Petr. 2,21), und dem Himmelreich Gewalt anzutun (Mt. 11,12).

Die Verleugnung fordert Gott von allen Seelen, die Er begnadigt hat, fast auf allen Blättern der Heiligen Schrift. Unser Heiland sagt: Ärgert dich dein Auge, so reiß es aus, usw.; du kannst nicht Gott und dem Mammon dienen; sorget nicht für den andern Morgen; sorget nicht, was ihr essen und trinken sollt (Mt. 6,31.34). Und da Er auf einmal uns unsere Pflicht vorschreiben wollte, sagte Er: Du sollst Gott lieben von ganzem Herzen, Seele, Gemüt und aus allen Kräften (Luk. 10.27).

Nicht weniger haben uns seine Apostel die Verleugnung hinterlassen. Johannes bezeugt: Wer die Welt lieb hat, in dem ist nicht die Liebe des Vaters (1. Joh. 2,15). Und der heilige Petrus sagt, dass wir in allem unserem Wandel sollen heilig sein und als gehorsame Kinder nicht wie vorhin in allerlei Lüsten leben, sondern dass wir unsere Seelen keusch halten sollen und ablegen allen Betrug, Heuchelei, Neid und alles Afterreden, ja alle Bosheit, dass wir einen keuschen Wandel führen sollen, und dass unser Schmuck nicht äußerlich sei mit Haarflechten, Goldumhängen und Kleideranlegen, dass wir nicht Böses mit Bösem vergelten, sondern unsere Feinde lieben sollen usw. (1. Petr. 3,2-4). Und Paulus befiehlt, dass wir den alten Menschen sollen kreuzigen und ablegen samt allen Lüsten und bösen Begierden (Gal. 5,24). Desgleichen sagt er: Ziehet nicht am fremden Joch mit den Ungläubigen. Gehet aus von ihnen und sondert euch ab, spricht der Herr und rühret kein Unreines an, so will ich euch annehmen und euer Vater sein und ihr sollt meine Söhne und Töchter sein, spricht der Herr, der allmächtige Gott (2. Kor.6,17-18). Und bei David heißt es: Höre Tochter, schaue darauf, vergiss deines Volks und Vaterhauses, so wird der König Lust an deiner Schönheit haben (Psalm 45,11-12); von unzählig andern Schriftwörtern ganz zu schweigen.

Solche Verleugnungen denn muss eine Seele durch die göttliche Gnadenkraft treulich suchen auszuüben, damit sie den Willen Gottes (l1. Petr. 4,2) und die Züge der Gnade also recht beantworten möge. Denn sie muss nicht denken, dass wenn sie von der Sündenschuld gerechtfertigt, sie dann auch schon von der Verdorbenheit als der Wurzel der Sünde gereinigt und zugleich geheiligt worden wäre. Doch diese falschen Gedanken müssen bald verschwinden, wenn sie nur ein wenig auf die bei ihr aufsteigenden bösen Regungen, Lüste und Begierden merkt, deren sie wohl mehr als ihr lieb ist bei sich wahrnehmen wird! Wenn sie nun diesem Unkraut durch eine beständige Enthaltung nicht ernstlich steuert, so wird solches den guten Samen der Gnade gar bald in ihr ersticken und verderben. Denn Gott wohnt nicht in einem Leibe der Sünde unterworfen. Licht und Finsternis können nicht beisammen wohnen. Christus und Belial stimmen nicht miteinander überein (2. Kor. 6,15) und der Welt Freundschaft ist Gottes Feindschaft (Jak. 4,4). Und doch leider gibt es so viele begnadigte Seelen, die durch Betrug des Feindes nicht allein im Essen und Trinken und in allerlei fleischlichen Gemächlichkeiten ihrer verderbten Natur zu Willen sind, sondern auch unter dem Deckmantel einer sogenannten evangelischen Freiheit so ungescheut nach den Lüsten und Gewohnheiten der Welt leben, ja auch in aller Freiheit sich bei Weltmenschen, in deren Gesellschaften und angestellten Gastmahlen usw. einfinden und mit Wohlleben und nichtsnutzigen Gesprächen ihre edle Zeit zubringen. Wie viele gibt es, die sich der Welt, ihren Moden und Maximen in Kleiderputz und Staat mit Verschwendung der Gaben Gottes nach ihren Lüsten oder um eines schändlichen Gewinnes, um eitler Ehre und Ansehen willen gleichstellen; oder kurz, die mit jenem unglücklichen Demas wieder die Welt lieb gewinnen (2. Tim. 4,10), und also dasjenige wieder annehmen, was sie in anfänglicher Busse haben ablegen und drangeben müssen. Eben das, worüber sie doch in ihrem Gewissen bestraft und verdammt werden, nehmen sie nun wieder zu Händen und tun es wohl gar den Weltmenschen darin noch zuvor!

O große Schande! O unsäglicher Schaden! Da man nach dem Ausspruch Petri mit den Hunden dasjenige wieder frisst, was man ausgespien hat (2. Petr. 2,22). Heißt das nicht offenbarlich vom Weltgeist belebt werden? O heiliger Gott und Heiland! welch eine Schmach und Unehre tun dir diese Seelen an, die doch Glieder Christi sein, Ihm nachfolgen und alles samt sich selbst verleugnen sollten (Luk. 9,23)! Da sie nun vielmehr augenscheinliche Liebhaber der Welt und fast wieder vollständige Sklaven der Augenlust, Fleischeslust und hoffärtigen Lebens geworden sind (1. Joh. 2,16). Soll denn dieses eine Dankbarkeit sein gegen Jesum, da man Ihn so mit Füssen tritt! Ach der elenden Menschen! Es wäre besser, dass sie den Weg der Gerechtigkeit nie erkannt hätten (2. Petrus 2,21).

Allein, woher mag dieser große Rückgang solcher Seelen doch wohl entstehen? Nirgend anders als daher, dass man auf die Zucht des Geistes durch unser Gewissen nicht genug merkt und folgsam ist, und weil man der Gnade zu viel den Rücken kehrt, und also dieselbe vergeblich empfängt und ihr nicht gehorsam wird, die uns doch zum Verleugnen, zur Ertötung unserer Sinne und zur Kreuzigung unserer bösen Lüste und Begierden treibt (Gal. 5,24). Denn diese sind mit von den kleinen Füchsen, die den Weinberg unseres Herzens verderben (Hohel. 2,15), welche der Bräutigam zu fangen befiehlt. Wenn nun eine Seele die Welt festhält und dieselbe mit Gott vereinigen will, welches aber in Ewigkeit nicht geschehen kann, weil der Welt Freundschaft Gottes Feindschaft ist, alsdann erkrankt die Gnade und entzieht sich. Hat sie uns eine Zeitlang gezüchtigt, um die Welt und ihre Lüste zu verleugnen, wir aber wollen ihr nicht folgsam sein, so wird der Geist betrübt, gedämpft und endlich gar vertrieben (Eph. 4,30). Gott ist ein eifersüchtiger Gott, der keine Götzen neben sich leidet (2. Mose 20,3). Die Seele muss entweder alle ihre Götzen, d.h. alles, woran sie außer Gott mit ihrer Liebe klebt, fahren lassen oder Gott entzieht sich der Seele. Darum fordert Christus, dass wir Gott von ganzem Herzen lieben sollen, ja der Herr will seine Ehre keinem andern geben (Jes. 42,8; 1. Thess. 5,19). Und diese Forderung tut Gott mit höchstem Recht, denn wir sind nicht nur dazu erschaffen worden, Ihn allein zu lieben, sondern Er selbst hat aus Liebe zu uns den Thron seiner Herrlichkeit verlassen und ist aus reiner Liebe (die ohne Eigennutz war) für uns, die wir im Tode und tiefsten Elend liegen, eines so schmerzlichen Todes gestorben. Wie sollte doch der allergrößte Sünder hierüber nicht in Verwunderung entzückt stehen und erkennen, dass einem solchen Gott alle Liebe rechtmäßig gebühre.

O wie ist unsere Liebe doch so klein gegen einen solchen Gott der Liebe, gegen ein so liebenswürdiges und herrliches Wesen, den alle Geschöpfe, Engel und Menschen mit aller ihrer Liebe zusammengenommen nie genugsam und nach Würden lieben können! Weshalb auch einige heilige Seelen in dieser Sicht ausgerufen: Liebe, Liebe her! (Maria Magdalena von Pazzis)

Wir arme Menschen, die wir nun so wenig Liebe haben, was machen wir doch mit derselben? Ach, was sollten wir machen! Wir wenden unser bisschen Liebe noch auf uns selbst an! Wir lieben uns in unserem stinkenden Hochmut und Unflat! Wir richten unsere Liebe nur auf die armselige Kreatur, die Welt und Eitelkeit, ja auf die nichtswürdigsten Lumpereien, rauben dieselbe so unverantwortlicher- und ungerechterweise Gott, dem höchsten Gut! O Schande darum für solche Seelen, die Gott angehören und Ihn doch nicht ganz allein lieben wollen! O dass sie es doch lebendig und mit tiefster Reue und Schmerzen einmal einsehen und erkennen möchten! Denn wie können doch die ihr Licht in einem gottseligen Wandel und aus Liebe zu Gott leuchten lassen (Mt. 5,16), wie können die größerer Gnade teilhaftig werden, die mit dem geringsten Pfund nicht treu handeln? (Luk. 19). Wie können die andere zu Gott führen, die sich selbst von Gott entfernen, von Ihm weglaufen und in ihrem Wandel dem unbekehrten Nächsten Anstoß geben?

Alle Handlungen des Menschen sind nach seiner Liebe zu beurteilen. Es ist daher ganz sicher, dass der Liebende gleich werde dem Geliebten und dem, das er liebt. Liebt eine Seele das, was ungöttlich, irdisch und zeitlich ist, so wird sie diesem gleich. Liebt sie aber das, was göttlich, himmlisch und ewig bleibend ist, so wird eine solche Seele selbst auch göttlich, ja ein Geist mit Gott (1. Kor. 6,17), wird darum auch ins ewige, himmlische Wesen versetzt und hat ihren Wandel schon hier im Himmel (Phil. 3,20). Daher mag es wohl heißen:

Zu wem du dich gesellst,
Des Wesen zeuchst du ein,
Bei Gotte wirst du Gott,
Bei Satan Satan sein!

Folglich ist es von größter Wichtigkeit, dass die Seele alle ihre Liebe (vermöge der ihr vom Herrn dazu geschenkten Gnadenkraft) abziehe von allem dem, was nicht Gott ist, und dieselbe hingegen auf Gott allein wende, dass sie suche um Gottes willen willig zu verleugnen, die Leiden, die Schmach und Verachtung geduldig dem lieben Heilande nachzutragen; allen bösen Lüsten, Neigungen und Begierden abzusagen und derselben sich zu enthalten (Röm. 6,12), die eitle Ehre, um den Menschen nach ihrer Weltart gefällig zu sein, hassen, mit getroster Hintansetzung seines eigenen Nutzens und alles zeitlichen und natürlichen Vorteils, ja die Schmach des Volks Gottes und des lieben Heilandes mit Mose lieber zu tragen erwählen, als die vergänglichen Schätze Ägyptens dieser eitlen Welt zu haben (Hebr. 11,26).

Alsdann (ja ein für den Geist seliges ALSDANN!) wird die Seele gerade auf dem Wege des Lebens, auf der Straße, die da heißt die richtige, mit Christo einhergehen und dem Heilande nachfolgen. Da wird sie finden, dass sie in einen großen Frieden wird eingehen, und wie der liebe Heiland ihr jede Verleugnung mit sonderbarer Gnade, Trost und Ergötzlichkeit belohnen wird. Ja, der Herr wird sich der Seele so viel eher in ihrem Inwendigen, wo Er wohnen will (Joh. 14,23), auf eine unaussprechliche Art mitteilen, und ihr seinen liebsten und wohlgefälligen Willen offenbaren und zu erkennen geben, durch die Belebung und Bewirkung seines göttlichen Geistes (Röm. 8,14).

Es ist aber nicht genug, dass die Seele sich in einer ernstlich wirksamen Verleugnung übt, sondern eine solche redliche Seele sucht auch den Tugenden Christi nachzujagen, um ihrem Heiland nachzufolgen in der Barmherzigkeit, Geduld, Sanftmut und im Mitleid gegen den Nächsten (Tit. 3,14; Kol. 3,12).

Besonders übt sie sich des Tages viel im Gebet. Sie geht oft allein und schüttet ihr Herz aus vor ihrem Gott (1. Sam. 1,15). Sie klagt Ihm alle ihre Not und erwartet seine Hilfe (Ps. 50,15). Ihr größtes Vergnügen ist es, wenn sie sich mit ihrem Heiland in Vertraulichkeit und Liebe besprechen kann. Daher, wenn sie ein wichtiges Werk zu verrichten hat, so geht sie zuvor ins Gebet und bittet von Ihm die nötige Gnade dazu, um es nach seinem liebsten Willen ausrichten zu können. Auch vergisst sie nicht, ihrem Heiland zu danken für die ihr täglich erwiesenen Wohltaten, und tut allemal ein offenherziges Bekenntnis ihrer Sünden und Untreue vor Ihm, die sie aufs Neue begangen. Sie bittet Ihn um Vergebung und dankt Ihm für die Erlassung derselben. Nicht weniger ist sie erkenntlich, dass Er um ihretwillen ein so schweres Leiden übernommen, da sie sich ihren Heiland als am Kreuz hangend vorstellt. Sie betrachtet Ihn im Ölgarten, wie ihre Sünden Ihm Blut ausgepresst; desgleichen wie Er um ihretwillen in einer solchen Armut geboren, um sie ewig reich zu machen.

In dieser und dergleichen Betrachtungen des Gebets, worin der Heiland ihr viele Süßigkeiten und Tröstungen schmecken lässt, vergießt die Seele öfters viele Liebestränen und wird sehr in sich selbst zerknirscht, so dass sie in herzlicher Liebe gegen ihren lieben Heiland angetan wird, um gern aus Liebe alles wieder für Ihn zu leiden und nach allem seinem liebsten Willen zu leben mit Hintansetzung und Verachtung aller Kreaturen. Ja sie hat nichts so lieb, das sie für Ihn nicht sollte von Herzen und willig aufopfern (Ps. 73), angetrieben durch die große Süßigkeit und Tröstungen, wodurch ihre Seele von Ihm ergötzt wird (Ps. 94,19).

Jedoch lässt eine in der Liebe zu Jesu entzündete Seele es nicht allein dabei bewenden, um nur in ihren besonderen Gebeten allein auf Jesum zu sehen und an Ihn zu gedenken, sondern sie hat auch ihr Auge auf Ihn gerichtet, wo sie geht und steht, und in allen ihren Berufsgeschäften und Verrichtungen.

Des Morgens, wenn sie vom Schlaf erwacht, so denkt sie am ersten und redet bei sich selbst von Jesu und mit Jesu; gleich wie David tat, wenn er sagt: Früh wache ich, Herr, zu dir. Wenn ich mich niederlege, so gedenke ich an dich, und wenn ich erwache, so rede ich von dir (Ps. 63,2,7). Sie bittet darauf ihren lieben Heiland, dass gleichwie das Tageslicht ihren Leib erleuchtet, Er als die Sonne der Gerechtigkeit ihre Seele erleuchten wolle. Daneben dankt sie Ihm herzlich, dass Er sie so gnädig im Schlaf behütet und über ihre Seele gewacht hat.

Wenn sie sich ankleidet, so seufzt sie zu ihrem Heiland: Bekleide du meine Seele mit den Kleidern des Heils (Jes.61,10), und stehe mir diesen Tag bei, damit ich ihn nach deinem liebsten Willen zubringen möge.

Wenn sie sich wäscht, so seufzt sie: Liebster Heiland, reinige meine Seele, dass ich rein werde, und wasche mich, dass ich schneeweiß werde (Ps. 51,9).

Wenn sie isst oder trinkt, so seufzt sie: Du Brot des Lebens, stille du den Hunger meiner Seele (Joh. 6,48). Du Wasser des Lebens, tränke meine durstige Seele mit den Strömen deiner Wollüste. (Joh. 4,14).

Auf diese und dergleichen Art hält die Seele den Tag hindurch ihre Beschäftigung in ihrem stillen Gebet der Betrachtung mit ihrem Heilande. Nicht allein aber zu Hause beschäftigt sie sich also mit Ihm, sondern auch, wenn sie draußen ist, unterhält sie seine Gegenwart und Umgang durch Mittel der Geschöpfe. Sie vergleicht Ihn mit der Schönheit und dem lieblichen Geruch einer Blume, mit den wohlschmeckenden Früchten und

Pflanzen, mit dem angenehmen Gesang der Vögel, mit den grasigen Auen und Feldern und mit den schattigen Wäldern. Mein Freund ist weiß und rot, auserkoren unter viel Tausenden! Seine Gestalt ist wie der Libanon, auserkoren wie die Zedern. (Hohel. 5,15). Sie betrachtet weiter die Geschöpfe in ihrer Ordnung; wie der Schöpfer alles so weislich gemacht hat und durch seine Güte erhält, und wie alles die Ehre Gottes verkündigt. Daher ruft sie mit David aus: O Herr, wie sind deine Werke so groß und viel, du hast sie alle weislich geordnet und die Erde ist voll deiner Güte. (Ps. 104,24).

Diese Seele dann, welche nur noch CHRISTUS FÜR UNS zum Augenmerk hat, und daher durch Kanäle und Mittel ihre Nahrung erhält und suchen muss, weil sie noch schwach im Glauben ist, beschäftigt sich mit Ihm zu der Zeit noch am meisten im Verstande und den Sinnen, daher sie auch aus diesen Betrachtungen manche Gnade, Licht, Trost und sinnliche Erquickungen schöpft. Ja, fast in allen ihren Übungen findet sie ihre Nahrung und Geschmack, sie wird getröstet und erquickt, sowohl wenn sie in guten Gesellschaften und in der Kirche von ihrem Heilande reden hört, als wenn sie zu Hause in einem guten Buch von Ihm oder dem Wege zum Heil etwas liest und betrachtet. Alles stärkt, erquickt und reizt sie, dass sie mit Liebe und Begierde angeflammt wird, ihrem Heilande durch dick und dünn immer weiter nachzufolgen und Ihm bis in den Tod getreu zu werden. Und da erhebt sie sich dann öfters durch liebreiche, herzrührende Lieder und Lobgesänge in brünstiger Liebe und Lobe Gottes zu ihrem teuren Immanuel, und vergießt vielmal während ihrem Lobgetön Tränen der Liebe in Betrachtung dessen, was Er an ihrer Seele getan (Ps. 103,2), dass Er sie aus dem Wege des Verderbens herausgerissen und nun so begnadigt hat ohne allen Verdienst.

Sie hat wohl eine große Begierde, das heilige Abendmahl zu gebrauchen als ein Mittel, um mit ihrem Heiland sich immer näher zu vereinigen durch den Glauben und in demselben gestärkt zu werden. Sie verbindet sich darin als ein wahrer Jünger Jesu, Ihn über alles einzig und allein zu lieben, mit Absagung alles andern, was Er nicht ist, und mit Aufnehmung seines Kreuzes,

Ihm willig nachzufolgen (Luk. 14,27-33), und sein ganzes Eigentum zu sein. So richtet sie dann in der Gemeinschaft aller Tischgenossen, womit sie sich als viele Glieder in einem Haupt vereinigt (1. Kor. 10,17), mit ihrem Heiland den Bund der Treue auf, der Welt und allen Kreaturen (aber als Nebenbuhlerin) auf ewig den Scheidebrief gebend. Dieser Vorsatz nun, wenn er von Herzen geschieht, bringt der Seele größere Gnade, Erquickung und Stärkung des Glaubens, und setzt sie in ein größeres Vertrauen zu ihrem Heiland, so dass, wenn sie fehlt und sündigt, oder eine Untreue begeht, sie den Mut nicht sinken lässt, sondern auf der Stelle zu Ihm wiederkehrt und um Vergebung und Tilgung derselben, wie auch um neue Gnade anhält (Ps. 51,1,20); da dann auch nach freiem, offenherzigem Bekenntnis und Reue der Herr ihr willig ihre Sünden und Übertretungen vergibt (Ps. 32,1).

Hier aber hat sich eine Seele wohl vorzusehen, dass sie nämlich nach begangener Zerstreuung, Sünde oder Untreue gar nicht lange von Jesu wegbleibe. Denn eben der Satan, der alsdann wie ein brüllender Löwe umhergeht (1. Petr. 5), ist es, der ihr durch ihre Eigenliebe und zuwege gebrachte Furcht den Weg zu verlegen sucht und ihr vorhält, dass sie so besudelt nicht wieder zu ihrem Heilande kommen dürfe. Er ist es, der da gerne machen will, dass sie wie David (2. Sam. 11) aus einer Zerstreuung, Sünde oder Untreue in die andere, ja in noch größere falle, denn durch die Sünde hat sie sich von Jesu getrennt, wodurch der Satan ihr nun beikommen kann, so dass er sie zu sichten begehrt und hernach in Verzweiflung zu stürzen sucht (Luk. 22,31).

Dieses Wegbleiben von Jesu gibt viel zu erkennen. Die Seele glaubt, dass der liebe Heiland ihre Sünde und Untreue nicht wisse, da Er doch allwissend ist. Auch glaubt sie, sie könne sich von ihrer Besudelung wieder selbst reinigen, schön und sauber machen. O der schnöden Eigenliebe und des Hochmuts! Da doch ihre übertünchte Schönheit, welche sie sich selbst macht (und worunter ihr Unflat versteckt und verborgen bleibt), Ihm durchaus nicht gefällt und in seinen Augen ein Abscheu und pharisäischer Gräuel ist; denn er allein und sein teures Blut ist der offene Reinigungsbrunnen der Tochter Zion (Sach. 13,1). Ja der treue Heiland würde nicht den Thron seiner Herrlichkeit verlassen, und ein so schweres Leiden für die Sünden der Menschen über sich genommen haben, wenn der Mensch sich selbst hätte von der Sünde können rechtfertigen und erlösen, und sich heilig und Gott wohlgefällig machen. Hieraus entsteht ferner, dass die Seele nicht so sehr wegen ihrer begangenen Sünde, sondern wegen ihrem Zurückbleiben, und dass sie von Jesu so fürchterliche, misstrauische Gedanken gehegt, welches Ihm eine große Unehre ist, hernach von Ihm so viel länger trostlos gelassen wird. Denn eben daher musste der selige Mann Gottes, David, in seinem 32. Psalm eine so große Not fühlen, weil er seine Sünden so lange verschwiegen und verborgen hatte.

Unterdessen entstehen aus vielen Sünden, Untreuen und Zerstreuungen, und dass man Gott und seiner Gnade nicht gehorsam ist (vielmehr dieselbe in allerhand Gelegenheit, sogar auch durch viel Reden vom Christentum verschwendet und sich ausleert), die meisten Beklemmungen, Druck des Herzens, Dunkelheit und Trostlosigkeiten, so die Seelen auf solche Weise in diesem Grad des Heilswegs gewahr werden und erfahren müssen. Möchten sie nur so glücklich durch diese Demütigungen werden, dass sie auch mit David den Zweck Gottes recht beantworteten und seine Rechte dadurch lernten! (Psalm 119,71). Denn durch solche Verschwendungen der göttlichen Gnadenkraft feiert der Satan nicht, sie listigerweise zu betrügen und in sein Netz der Sicherheit und falschen Ruhe einzuziehen und sie von dem rechten Wege der Demut und Verleugnung abzubringen, bei welchem allem er doch der Seele glauben macht, dass sie noch auf dem rechten Wege sei, woraus dann ein entsetzlich großer Seelenschaden entsteht. Darum befiehlt uns der Apostel nicht ohne Ursache, zu wachen und nüchtern zu sein (1. Petr. 5,8), auf dass wir vorsichtige Tritte tun (Hebr. 12), und sonderlich in einer wahren Herzensdemut zu bleiben suchen. Denn Gott widersteht den Hoffärtigen, aber den Demütigen gibt er seine Gnade (Jak. 4,6).

Doch fehlt es auch der aufrichtigsten Seele, die nur treu im Gebet ist, nicht an vielen Versuchungen des Satans, wodurch der Herr sie läutert und ihre Treue prüft. Wenn nun solche auch mit allerhand gotteslästerlichen oder unkeuschen Gedanken, bösen Regungen, Nahrungssorgen und mit Furcht und Zweifel vom Satan, von der Welt oder ihrem Fleisch und Blut angefallen wird, so darf sie sich nur sanft davon abkehren, dieses alles verachten und ihm nicht nachdenken, sondern ihre Gedanken und ganze Andacht auf Jesum und sein schmerzliches Leiden wenden. Sie mag im Gebet oder nicht im Gebet sein, so soll sie sich nur vor Jesum und seine heilige Gegenwart stellen. Ist sie im Gebet, so fahre sie darin beständig fort, ohne sich durch die Anfechtungen stören und abwendig machen zu lassen. Denn solche Störung und Abwendigmachung ist des Feindes Absicht, und wenn es ihm darin einmal gelingt, dann sucht er solches immer wieder zu tun, und lässt sobald nicht nach, weil ihm der Herr solches auch alsdann so viel länger zulässt zu unserer Prüfung und Züchtigung. Der Feind hat die größte Lust daran, wenn er eine Seele aus dem Gebet verjagen kann, worin sie die allergrößte Gnade von Gott erlangt.

Die Versuchungen mögen also auch noch so stark die Seele anfallen (wenn sie auch von der größten Abscheulichkeit sind und dass man sich davon nicht entschlagen kann), so weiche man dennoch nicht von seiner Stelle, sondern übe ein Gebet der Geduld und bleibe in der Gegenwart Gottes ganz still, gelassen und sich Ihm ergebend; und wo man nicht reden kann, so schweige man nur vor Gott. O wenn die Seele auf solche Art dem Teufel widersteht, so flieht er gar bald von ihr (Jak. 4,7; 1. Petr. 5,9), weil sie ihn alsdann durch den Glauben in der Kraft Jesu überwinden wird, denn also wird er dergestalt zuschanden werden, dass er sie sobald nicht wieder angreifen darf.

Aber die Seele hüte sich, dass sie in den Versuchungen dem Satan nicht entgegengehe, und sich mit ihm (ohne Jesu) in einen Streit einlasse, denn er ist ein starker Fürst, der die Seele ohne Jesum bald überwinden kann. Man nehme vielmehr den Rat des heiligen Apostels Paulus an seinen geistlichen Sohn Timotheus zu Hand, da er sagt: Leide dich als ein guter Streiter Jesu Christi (2. Tim. 2,3); das ist: sei still und gelassen und ertrage in Geduld die feindlichen Versuchungen, die dir zustoßen. Ergreife den Schild des Glaubens (Eph. 6), das ist: sehe auf Jesum, steif und voll Vertrauen, und erwarte in Gelassenheit seine Hilfe, denn durch Stille sein und Harren wird uns geholfen (Jes. 30,15). Und zu Israel sagte Mose am Roten Meer: Der Herr wird für euch streiten, und ihr werdet stille sein (2. Mose 14).

Ich weiß jedoch wohl, dass die Seele alsdann in den Anfechtungen glaubt, die bösen Gedanken kämen von ihr selbst her, und sie sündige so sehr darin gegen ihren Heiland, dass dieses Gebet unmöglich Gott gefallen könne, weil sie solch böse Gedanken darin habe. Aber dieses alles ist unbegründet, denn die Seele findet ja einen Abscheu an solchen Gedanken, und sie sind ihr ja selbst lästig und peinlich, und hat dagegen einen Ekel und Widerwillen. Folglich hegt, liebt und wirkt sie dieselben ja nicht mit ihrem Willen, und daher sind diese bösen Gedanken, die sie mit so großem Abscheu leiden muss, ganz und gar nicht von ihr selbst. Weil sie nun auch nicht mit denselben übereinstimmt, sondern sich vielmehr mit ihrem ganzen Willen davon abwendet, so sündigt sie auch damit nicht wider ihren Heiland. Würde sie aber mit ihrem Willen in diese Gedanken einstimmen, und sie mit Vergnügen hegen, so wäre es alsdann eine Sünde und Untreue. Denn das ist Sünde, wenn ich das Böse liebe, ihm zustimme, dasselbe genehmige und auszuführen verlange. Nun findet die Seele aber solches gar nicht bei sich, folglich sündigt sie nicht gegen Gott, ihren Heiland. Vielmehr ist sie selig, weil sie die Anfechtung erduldet (Jak. 1,12). Es ist keine Kunst, Gott anzubeten und Ihn zu lieben, wenn Er uns im Gebet Süßigkeiten und das Vermögen zu beten und Ihn zu lieben schenkt. Einen solchen Mann nennt und meint der heilige Apostel nicht, den er selig heißt, sondern denjenigen, der beständig unter den Anfechtungen im Gebet ausharrt. Gott prüft daher seine liebsten Kinder dann und wann, ob sie Ihn auch alsdann zu lieben suchen und Ihm auf ihre eigenen Kosten dienen, Ihm beständig im Gebet anhangen und nicht von Ihm weichen, wenn Er ihnen seinen Einfluss, die Tröstungen und empfindlichen Gnaden versagt und vorenthält, und sie vom Feind versuchen lässt. In diesen Proben will Er nicht allein unsere Treue sehen, sondern uns auch bewährt machen; denn du musst geläutert werden, sagt der Herr, damit du bewährt wirst (Jes. 48,10). Überdies schaffen uns die Leiden und Trübsale, nach dem Ausspruch von Paulus, eine über alle Massen wichtige Herrlichkeit (2. Kor. 4,17).

Wenn nun eine Seele in solchen Versuchungen dem ungeachtet im Gebet vor der Gegenwart Gottes bleibt, obschon sie für diese Zeit sich der göttlichen Gnadeneinflüsse beraubt sieht, so gibt sie alsdann dadurch ihrem lieben Heiland recht zu erkennen, dass sie Ihm treu ist und Ihn lauterlich liebt. Und wer will daran zweifeln, dass dieses Gebet, so auf Kosten der Seele geschieht, dem Herrn nicht höchst angenehm sein sollte? Es ist wahrlich dem Herrn ein angenehmes Rauchopfer, welches Ihm viel wohlgefälliger ist, als alle anderen Gebete, die mit seinem Einfluss, Trost und Süßigkeiten von der Seele in der Brünstigkeit verrichtet werden. Und dieses wird sie selbst erfahren, dass der Herr ein solches Gebet (falls sie darin nur in Geduld und Gelassenheit vor Gott, auf Ihn hoffend, ausgehalten, und abgesehen von allen feindlichen Versuchungen und Anfechtungen, die sie standhaft wie eine Mauer in der Übergabe an den Willen Gottes erduldet und gelitten hat) mit großer Gnade bekrönen wird, wozu sie eben durch diese Anfechtungen, die ihr zu einem trefflichen Demütigungs- und Reinigungsmittel gereichen, wird fähig gemacht werden.

Jedoch haben die Seelen in diesem ersten Grad des Heilswegs, weil sie noch schwach im Glauben, oder noch Kinder und Säuglinge in der Gnade sind (1. Joh. 2), gar wenige und geringe Anfechtungen. Denn Gott lässt sich nach ihrem Gefallen und schwacher Kindheit herunter und gibt ihnen die meiste Zeit durch allerhand Mittel viele Tröstungen und Süßigkeit und gleichsam eine offene Tür der Ergötzlichkeiten (Offb. 3,8). Und solches geschieht alles wegen ihrer Schwachheit, denn sie handeln noch im Lichtsglauben, wo sie alles fühlen, sehen und begreifen müssen (Joh. 20,27-29). Sie reden noch wie die Kinder, sie verstehen und begreifen noch von Gott wie die Kinder und haben noch kindische Anschläge, wie solches der heilige Paulus ausdrückt (1. Kor. 13,11), ob zwar sie dieses wohl selbst nicht wissen, indem sie noch nicht höher erleuchtet sind. Der Herr will sie darum durch die sinnlichen Tröstungen, die sie aus den Mitteln erlangen, wodurch sie gleich als an einer Milchbrust ernährt und getränkt werden, großziehen (Jes. 28,9; 1. Petr. 2,2; Hebr. 5,12-13).

Diese Seelen haben also noch ein sinnliches Leben im Geistlichen und haben Christum nur noch im Bilde, so dass sie sich nur mit seiner Menschheit im Verstande beschäftigen, und also noch nicht zu seiner Gottheit in ihrem Inwendigen im Willen gelangt und eingeführt sind, daher auch einigen von diesen Seelen widerfahrende Erscheinungen, tröstliche Offenbarungen, geistliche, erquickliche Zusprüche, Träume u. dgl. in der Sinnlichkeit eingedrückt werden.

Diese außerordentlichen Gnadengeschenke nun sind zwar gut und tun auch ihre göttliche Wirkung, allein die wenigsten Seelen gebrauchen sie nach dem Willen und Zweck Gottes. Denn anstatt dass eine begnadigte Seele alles, was nicht Gott ist, so auch alle Gaben, Gnaden, Offenbarungen, Erscheinungen, Tröstungen und Süßigkeiten, ja alle Gunstbeweisungen Gottes, mit einer großen Abgeschiedenheit von Gott annehmen und gebrauchen sollte, dergestalt, dass wenn ihr der liebe Gott alles dieses wieder entziehen sollte, sie alsdann dasselbe dem Herrn auch willig loslassen und dessen sich unwürdig achten müsste, so geschieht solches doch wie gesagt von den wenigsten, indem man glaubt, dass dieses alles Gott selbst sei. Man spricht daher zu früh mit der Braut: Ich habe ihn gefunden und will ihn in der Eigenheit behalten (Hohel. 3,4). Dieses Stück der Eigenheit geht weiter mit, als man denkt; und an diesen Klippen wird wohl der größte Aufenthalt und Anstoß gemacht. Daher sind auch die außerordentlichen Gaben vielen Seelen schädlich gewesen, woran manches Schiff leck geworden. Denn die meisten missbrauchen nur die außerordentlichen Gaben, und bleiben daran in eigener Anmaßung kleben. Denn sobald Gott ihnen dieselben entzieht, werden solche Seelen traurig, bekümmert und unruhig, und wollen solches dem Herrn nicht loslassen. Einige hungern vielmehr so stark danach, dass sie solche noch wohl von Gott erbitten und erflehen. Hierbei bleibt der Satan nun nicht müßig, sondern macht sich solches seinerseits aufs Beste zunutze. Er geht hin und verstellt sich bei ihnen (als ein Tausendkünstler) in einen Engel des Lichts (2. Kor. 11,14), und macht der Seele im Schein diese außerordentliche Gabe Gottes nach. Ja er stellt ihrer Phantasie allerlei dergleichen Dinge vor wie sie verlangt, worin die Seele dann, weil sie kein Licht der Unterscheidung noch den Geist der Prüfung hat (1. Joh. 4,1), sich ergötzt, belustigt und ihnen nachhängt, glaubend, dass dieses göttliche Sachen wären, die von Gott selbst herkämen. Und auf gleiche Art macht der Satan es auch des Nachts mit den Träumen, wie auch mit den tröstlichen Sprüchen, die er der Seele einredet, denn er weiß auch die Schrift (Mt. 4,6).

Wenn er nun die Seele eine Zeitlang darin ergötzt und ihre ganze Aufmerksamkeit auf diese Sachen gelenkt und angelockt hat, alsdann sucht er sie in die Selbsterhebung und in das Reich des Hochmuts zu bringen. Er kommt ganz fein und bläst derselben ungefähr folgende Gedanken ein: „Siehe doch einmal, wie hoch dich Gott begnadigt hat. Du musst ihm vor andern besonders angenehm und wohlgefällig sein; und diese und jene Seelen müssen nicht so treu vor Gott wandeln, noch gewandelt haben, weil sie der Herr damit noch nicht begnadigt hat."

Hieraus entsteht dann eine Erhebung seiner selbst und eine Geringschätzung seines Mitbruders. Ja, man erhebt sich nach und nach über alle und will für einen großen Heiligen geachtet sein.

Bekommt man einige Sprüche einer hohen Seligkeit und Herrlichkeit, worin man nach diesem Leben soll gesetzt werden, so nimmt man das für bare Münzen. Nun hat man genug, weil man eine solche Versicherung einer so hohen Seligkeit und Herrlichkeit empfangen hat, und weiß nicht, dass der Feind uns solches vormacht, um uns durch eben das zu stürzen, wodurch er gestürzt worden ist. Man ist damit nicht zufrieden, um nur mit dem Mann Gottes (David) ein Türhüter zu sein (Ps. 84), sondern man begehrt vielmehr Gott in der Herrlichkeit (mit Adam) gleich zu sein (1. Mose 3,5). Und so bringt der Satan dann die Seele von einer Staffel des Hochmuts bis zur andern. Daneben ist es dem Feinde noch nicht genug, nur eine Seele in sein Netz zu fangen, sondern er stellt seine Netze auch noch andern auf, und braucht diese Seele als einen Lockvogel dazu, um noch weitere zu fangen. Zu diesem Zweck treibt er die Seele an, ihre außerordentlichen und wunderbaren Dinge, ihre Offenbarungen, Erscheinungen, Träume, Zusprüche und Versicherungen der Seligkeit, welche doch alle, wenn sie auch selbst von Gott wären, ohne die reine Liebe (wie Paulus sagt), nichts sind (1. Kor. 13), andern zu erzählen und kundzumachen. Da fängt der Satan durch dieses Kundmachen dann an, auch bei ihnen das

Begehren nach diesen außerordentlichen Dingen zu erwecken, um dieselben auch durch das Gebet von Gott zu begehren, damit er auch bei ihnen Eingang bekommen, und sie in seinen Hochmut bringen möge.

Ach! wie kann doch eine arme Seele so leicht in Gefahr kommen und durch Satans List elendiglich verführt und betrogen werden, sobald sie sich nur von Gott ab- und zu diesen und andern Nebensachen hinwendet, falls sie nicht genugsam in der Demut und im Misstrauen ihrer selbst ist und bleibt. Denn wie schon gesagt, der Satan führt durch solche außerordentliche Gaben in die Selbstgefälligkeit und den Hochmut, und wendet sie ganz von Gott ab, so dass wenig Hoffnung übrigbleibt, dass eine solche Seele jemals wieder auf den rechten Weg der Demut, des Glaubens und der Liebe (nämlich der lauteren Liebe zu Gott allein) gelange. Denn nur durch diesen Weg können wir allein zu Gott gelangen und mit Ihm vereinigt werden (Hos. 2,20). Daher sind alle außerordentlichen Gnadengaben, was Glaube, Liebe und Hoffnung nicht ist (1. Kor. 13,13), gefährlich und mehr zu meiden als zu lieben und zu verlangen. Also tut eine Seele wohl und geht sicher (auch gefällt es dem Herrn), wenn sie stets von diesen außerordentlichen Gaben (wenn ihr dergleichen von dem Herrn wegen ihrer Schwachheit gegeben werden) absieht und sich derselben unwürdig achtet, und sonderlich dieselben wieder in Demut zu seinen heiligen Füssen zum Opfer darlegt, ja in großer Abgeschiedenheit und Misstrauen ihrer selbst vor ihrem Heilande in Glauben und Liebe bleibt.

Man könnte zwar noch wohl melden, was die göttlichen, außerordentlichen Gaben vor jenen nachgeäfften, satanischen Blendwerken in ihrer Wirkung hätten und woran sie erkannt und unterschieden werden könnten; allein es ist unnötig, weil die göttlichen doch dasjenige eindrücken und in der Seele zurücklassen, wozu sie gegeben werden, ohne dass man darauf zu merken braucht. Die göttlichen Wirkungen sind friedsam und erwecken Demut und Liebe zu Gott in der Seele, da hingegen die satanischen das Gegenteil an sich haben. Man sehe aber, wie schon gesagt, allezeit davon ab oder durch alles hindurch, bloß auf Gott allein und bleibe seinem heiligen Willen übergeben, so geht man sicher und gerade auf dem schmalen Wege, der zum Leben führt (Mt. 7,14).

Das, was wir nun von den außerordentlichen Gnadengaben gesagt haben, ist auch allerdings von der Versicherung der Seligkeit zu verstehen, indem es sich mit dem Begehren derselben ebenso verhält, und worin der Feind ebenso sein Spiel haben kann. Denn die Versicherung der Seligkeit steht dem Glauben gerade entgegen. Es ist ganz unrichtig, dass man diese Versicherung, wie auch die Vergebung der Sünden in einige Süßigkeiten und Tröstungen setzt, denn die Vergebung der Sünden kann eine Seele erlangen, ohne dabei zugleich Süßigkeiten zu empfangen, obgleich solche dabei leichtlich zu finden sind. Wenn man aber hierin die Versicherung seiner Seligkeit setzen wollte, das wäre eine elende und schlechte Versicherung; weil, solange die Tröstungen und Süßigkeiten dauern, solange glaubt man alsdann eine Versicherung der Seligkeit zu haben. Hört aber die Milchbrust der Tröstungen und Süßigkeiten einst auf (welches in der Tat geschieht, wenn man zur göttlichen, geheimen Weisheit (Ps. 51,8; Jes. 28,9) gelangen soll), so hat man ja auch seine Versicherung der Seligkeit verloren. Wahrlich, der Glaube hat die größte Versicherung der Seligkeit in sich eingeschlossen! Durch denselben werden wir gerecht, gereinigt, heilig und selig (Eph. 2,8), ja mit Gott vereinigt (Hos. 2,20). Eine Seele, die im Glauben wandelt, geht dieser göttliche Glaube über alle

Empfindungen, Tröstungen und Versicherungen. Sie denkt nicht einmal an eine Versicherung und gar wenig an eine Seligkeit. Sie dient Gott aus einer reinen, lauteren Liebe ohne Absicht auf eine Seligkeit, viel weniger, dass sie dieselbe so eigennützig von Gott, ihrem treuen Heilande verlangen sollte. Daher begehrt sie von dem lieben Gott keine Versicherung der Seligkeit für sich, denn sie ruht allein in dem Willen Gottes; und es ist auch der Lehre Christi und seiner Apostel, die uns allein den Glauben angewiesen, und dass wir vielmehr unsere Seele verlieren sollen (Luk. 17,33), ganz entgegen, eine Versicherung der Seligkeit von Gott zu begehren.

Gott fordert unser ganzes Herz und will haben, dass wir uns seine Wege sollen Wohlgefallen lassen (Spr. 23,26). Daher sucht eine im Glauben wandelnde Seele nur Gott zu gefallen durch Unterwerfung ihres Willens unter den göttlichen Willen; und Gott zu folgen wo sie nichts sieht noch empfindet durch einen blinden Gehorsam. Durch diesen Weg sucht sie Gott lauterlich zu lieben und sich mit Ihm in dem Innersten ihrer Seele, im Geiste, durch einen bloßen Glauben zu vereinigen (Hos. 2,20), ja ein Tempel und wohlgefälliges, ganzes Opfer Gottes zu werden. Und darin besteht ihre Seligkeit und ihr Alles, ihre Liebe, ihr Glaube, ihre Hoffnung und ihre Dankbarkeit. Daher geht sie auch von Tag zu Tag ein in einen großen, ewigbleibenden Frieden Gottes, welcher Gott selbst ist, der daher über alle Sinne und Vernunft geht (Phil. 4,7; 2. Thess. 3,16; Eph. 2,14), und ein Vorgeschmack ist von jener großen Seligkeit.

Was nun bisher von der Wirksamkeit in der göttlichen Heilsführung gemeldet worden, geht nur die anfangenden Seelen in dem ersten Grade des Heilsweges an, welche durch die Gnade in die Sinnesveränderung (durch die Menschheit Christi, oder CHRISTUS FÜR UNS, als unser Versöhner und Mittler (1. Tim. 2,5), wodurch uns die Sündenschuld getilgt) gelangt sind. In diesem Zustande nun, oder in diesem ersten Grade des Heilswegs ist die von der Sündenschuld gerechtfertigte Seele Gott angenehm in seinem Sohne, den Er für sie ansieht. Und wenn sie in diesem Grad stirbt, so erreicht sie doch auch eine (wenn schon geringe) Staffel und einen Grad der Seligkeit, soweit sie nämlich gereinigt und darin geheiligt ist.

Weil nun aber das ganze Gnadenwerk und dieser Heilsweg unter dem Glauben und Gebet begriffen ist, so nennen wir mit allem Recht den Zustand oder Weg dieser im ersten Grad stehenden, anfangenden Seele einen schwachen oder Lichtsglauben, auch das verständliche Gebet oder die Betrachtung.

Gleichwie nun aber die Jünger Christi sehr schwach im Glauben waren (Mt. 8,26), solange der liebe Heiland nach seiner Menschheit bei ihnen war, indem sie sich bloß mit dieser seiner Menschheit beschäftigten und daran hangen blieben; ebenso ist der Glaube, die Beschäftigung und Wirksamkeit dieser anfangenden Seelen auch beschaffen. Sie haben ihren Verstand mit Jesu Menschheit angefüllt, darin sie Ihn als im Bilde, entweder am Kreuz auf Golgatha oder hoch über den Wolken im dritten Himmel als auf einem herrlichen Thron sitzend sich vorstellen, betrachten und ihre Gedanken im Gebet dahin richten. Sie glauben Ihn zwar auch allerorten gegenwärtig, weil sie aber ihr geistliches Leben noch im sinnlichen Teil und im Verstande haben, daher können sie sich Ihn auch noch nicht anders als im Bilde darstellen und anbeten.

Nun lässt der liebe Heiland sich auch zu seinen armen, schwachen Geschöpfen herunter, dass Er sie durch allerhand wirksame Übungen und Mittel (als durch einen Kanal, wodurch Er ihnen viel Trost, Süßigkeit und Geschmack zufließen lässt) stärken und immer näher zu sich ziehen, ja durch die Mittel und Bilder seiner Menschheit zum Unmittelbaren und Unbildlichen, zu seiner Gottheit, das ist zu Christus in uns (Kol. 1,27) überbringen möge. Allein bis hierher sind solche Seelen noch in dem Vorhofe der Sinne und Vernunft, daher können sie auch kein anderes als ein sinnliches und mit der Vernunft einstimmiges, wirksames Leben und Gottesdienst durch die äußeren Mittel führen. Ihnen dünkt zwar, dass sie schon geistliche Menschen wären, die Gott im Geist und in der Wahrheit anbeten (Joh. 4,24), und dass alle Vorrechte erhabener Stände der Heiligung, göttlicher Geburt und die Vereinigung und Einheit mit Gott (Joh. 17,22) für sie gehören, und dass sie die Seelen wären, die sich solches zueignen dürfen, und welchen solches teilhaftig geworden sei.

Aber sie irren sich. Es geht ihnen hierin wie einem zarten Kind im Natürlichen, welches mit seinem kleinen Verstande sich alles zueignet und sein eigen zu sein glaubt, was sein Vater im Hause hat. Und ebenso ist es auch mit der geistlichen Erkenntnis dieser Seelen, wie Paulus es von sich sagt, als er nur noch ein Kind in der Gnade gewesen (1. Kor. 13,11). Doch sie fassen dieses noch nicht anders, ja sie können es auch nicht fassen, weil sie noch nicht erleuchtet sind von dem Geiste Gottes, der sie in alle Wahrheit leiten muss (Joh. 16,13). Denn das Licht des Verstandes und der Vernunft reicht nicht höher und kann nicht fassen noch begreifen die Dinge des Geistes Gottes, denn solche sind der Vernunft eine Torheit (1 . Kor. 2,14). Sie müssen daher von Gott und seinem Geist selbst erleuchtet, mit der himmlischen Weisheit in ihrem Inwendigen zuvor begnadigt (Ps. 51,8), und der Salbung in ihnen teilhaftig werden (1. Joh. 2,27).

Der Herr kann ihnen aber nicht, ob Er schon gerne möchte (Jes. 30,15) in ihrem Inwendigen zuvorkommen, weil diese anfangs erweckten Seelen durch ihr allzu vieles, aufeinandergehäuftes sinnliches Treiben in den Mitteln (und weil sie Gott oder Jesum nur außer sich und nicht in sich selbst suchen) Gott und seines Geistes Wirkung nur aufhalten und widerstehen. Sie merken also den göttlichen Liebeszug (Hohel. 1) oder die Salbung in ihrem Inwendigen nicht, indem sie stets ausgekehrt bleiben, und von einem Mittel, Betrachtung oder Übung sich gleich wieder zum anderen wenden, ohne sich dazwischen ein wenig vor Gott in der Stille niederzusetzen, und zu ihrem Herzen einkehren, um also die Nahrung aus den Mitteln, durch diese Einkehr, mit ihrem Geiste recht zu verkosten.

Und hierin besteht das größte Vergehen dieser Seelen. Sie müssen also mit all ihrem Geschmack, Süßigkeit und Tröstungen (welche sie, wie schon erwähnt, aus allen ihren geistlichen Übungen, durch Betrachtungen, Lesen, Singen, Hören geistlicher Sachen und durch ihr Gebet erlangen) nicht lange im äußeren Menschen, nämlich außer sich in der Sinnlichkeit bleiben, sondern sich damit gleich inwendig einkehren oder sammeln zu ihrem Herzen, wo Gott wohnen und wandeln (2. Kor. 6,16), seinen Tempel (1. Kor. 3,16) und Reich in ihnen haben und aufrichten will (Luk. 17,21). Denn da haben sie die ganze heilige Dreieinigkeit am allernächsten und können Gott und ihren Heiland am allergeschwindesten, ja nur da in ihnen allein wesentlich finden. Sie hingegen suchen, beten an und glauben Gott so weit von sich, über sich und außer ihnen, gleich jenen Propheten Baals (1. Kön. 18) und binden Ihn an Ort und Stelle, ja gar im Tempel, die mit Menschenhänden gemacht sind (Apg. 7,48; Jes.66; 57,15), und so kehren sie zu ihrem großen Schaden mit allen ihren Gnadengeschenken sich aus und ergötzen sich damit nur in ihren Sinnen, also dass sie, anstatt solche in ihrer Fülle und Wollust zu schmecken, und das wahre Geistliche darin zu finden, nur dadurch meist zerstreut und hernach ärmer und dürrer werden, als sie zuvor waren; wozu noch kommt, dass sie auch bei Ermangelung derselben gar in Zweifel und Unglauben fallen. Denn ihr armer Geist, dem diese Gnadengaben am meisten und speziell zuteilwerden sollten (damit er dadurch gestärkt, nach Gott erhoben und verliebt gemacht würde, um Gott, seinen Ursprung, desto eifriger und mit voller Begierde zu suchen), wird auf solche Weise vielmehr ausgekehrt, abgemattet und niedergedrückt.

So bleiben denn diese anfangenden, erweckten Seelen im Lichtsglauben, in ihrer Sinnlichkeit und Vernunft stehen und verweilen sich im Vorhofe, ja bleiben gar bei den äußeren Mitteln hangen, ohne durch dieselben zum Unmittelbaren, zu der lebendigen Quelle, nämlich zu Gott selbst in ihrem Inwendigen sich leiten und erheben zu lassen, und in Jesum einzugehen und in Ihm zu bleiben (Joh. 15,4). Es geht ihnen hiermit eben wie jenen, zu welchen Jesus sagte: Ihr suchet in der Schrift, meinet das ewige Leben darin zu haben, und obschon sie von mir zeugt, wollt ihr doch zu mir selbst nicht kommen, um dieses Lebens teilhaftig zu werden (Joh. 5,40).

Die Erfahrung lehrt es, dass alle göttlichen Erweckungen, Bewegungen und Tröstungen von Gott an unserem Herzen und in uns geschehen, welches gleichsam seine göttlichen Züge sind, um uns zu unserem Herzen zu ziehen, allwo unser ewiger Geist allein durch Ihn kann gesättigt werden. Darum befiehlt Er uns, die wir von Ihm abgewandt und aus unserem Herzen von Ihm gewichen sind, dass wir wieder in unser Herz mit allem unserem Seelenvermögen zu Ihm einkehren (Jes. 46,8) und Ihm dasselbe schenken sollen, damit Er uns zu seinem Heiligtum machen möge.

Um nun hierzu zu gelangen, muss eine Seele jedes Mal nach dem Gebrauch der Gnadenmittel (oder nach angestellter Betrachtung und Gebet) sich eine Zeitlang vor der göttlichen Gegenwart ruhig und stillschweigend (ohne weitere Worte noch Betrachtungen zu machen) niedersetzen und in ihrem Inwendigen auf den daselbst (obschon verborgenen, unsichtbaren, unbegreiflichen, aber doch in Liebe und Friede sich mitteilenden) wahrlich gegenwärtigen Gott, im Glauben sanft und liebreich eingekehrt, merken, wie David von sich sagt in Psalm 85,9.

Wenn sie nun diese Übung der stillen, inneren Einkehr und des Herzensgebets unter dann und wann vermischten Liebesseufzern des Tages öfters verrichten wird, so wird sie auch eben den Frieden, welchen der Herr in ihr reden (das ist wirken) will, mit David bald empfangen und dessen Salbung in ihrem Inwendigen genießen, welcher Friede so vortrefflich ist, dass nichts damit zu vergleichen ist. Und dadurch würde die Seele nicht allein inwendig mehr und mehr gesammelt, ihr Geist gestärkt, in der Liebe Gottes entzündet, das Herz erweitert, ruhig, voll himmlischer Freude, stark im Glauben, Hoffnung und Vertrauen werden, sondern sie würde auch aus aller Unruhe, Zerstreuung, mannigfaltigen Übungen und Zerarbeitungen ihrer sinnlichen Werke und Wege, in einen großen, stillen Frieden, Sammlung und Ruhe des Gemüts gesetzt und zu einem einfältigen, immerwährenden Gebet im Geist und in der Wahrheit geschickt werden; darin sie Gott hoch erleuchten, ihren Willen immer mehr in der Liebe zu Ihm entzünden, seine göttliche Weisheit ihr mitteilen (Jes. 28,9), sie in alle Wahrheit leiten (Joh. 16,13), sein Werk der Wiedergeburt und Heiligung in ihr wirken (Joh. 3,17), und sie zu einem einfältigen, stillen Geist machen (1. Petr. 3,4), mit welchem Er sich vereinigen (Hos. 2,20), den Er in sein göttliches Bild vergestalten (2. Kor. 3,18), ja gar zu einem Geist mit Ihm machen würde (1. Kor. 6,17). Amen Jesus!

Nun, mein lieber Bruder, werde ich in der Kürze, doch in großer Schwachheit und Gebrechlichkeit, deinen schon zurückgelegten Grad im Wege des Heils überhaupt (gleich als in einem kleinen und vielleicht befleckten Spiegel) dir vorgestellt und gemeldet haben; also dass deiner Forderung in etwas Genüge geleistet sein wird.

Den zweiten Grad des Heilswegs betreffend, worin dich der Herr einzuführen willens ist, und wie du dich darin zu verhalten hast, solches will ich, da dieser Brief ohnehin schon zu groß geworden, bis zu einer andern Zeit, so es Gott gefällt, versparen. Lebe denn indessen wohl nach dem Willen Gottes und überlasse dich unbedingt seiner allein weisen und heilsamen Führung! Jesus, der dich gewiss bald inwendig besuchen will, den erwarte in Stille und Geduld!

Ich indessen unterschreibe mich mit meinem Wahlspruch, und verbleibe durch seine Gnade, dein verbundener Mitbruder

Ich liebe die Gerechtigkeit Gottes.

Zweiter Brief

In demselben herzlich geliebter Bruder!

Zufolge meines Versprechens hätte ich mit meinem Schreiben nicht so lange verzögern sollen. Allein ich muss offenherzig bekennen, dass es nicht allezeit von mir abhängt, um in dergleichen Sachen wirksam zu sein, weil mein Verstand im Unvermögen liegt und ich also das Licht aus dem inneren Grunde, als von Gott gelassentlich erwarten, und Er mir das Nötige dazu mitteilen muss. Ohne dieses göttliche Licht bin ich ganz unwissend. Wenn ich dir daher ohne dasselbe von solchen geheimen, göttlichen Wegen, welche über das Licht des Verstandes gehen, schreiben würde, so würdest du durch solches Schreiben, welches alsdann nicht ohne viele Fehler und Irrtümer sein könnte, nur sehr verirrt und verwirrt werden. Zwar gebe ich meine Briefe nicht für etwas Vollkommenes und ohne Fehler aus, welche aber nur von mir selbst sein werden; das andere bleibt doch eine echte, reine und gute Wahrheit aus Gott, der vollkommenen Wahrheit selbst. Diesem nun allein guten Gott, dem allein alle Ehre gebührt, will ich die Feder opfern. Auf Ihn sehe du nur allein und gib ihm alle Ehre und Lob, denn die Kreatur ist weniger als nichts, die musst du fahren lassen, wenn du dich nicht aufhalten willst. Darum lass dir alles Gott sein und werden in Zeit und Ewigkeit!

Du beklagst dich, dass du fast keine Seele antreffest, die dich in deinem jetzigen Gemütszustand begreifen, dir raten noch helfen könne. Ich kann solches gar gut glauben, weil die meisten begnadigten Seelen in dem ersten Grade des Heilswegs stehen bleiben. Man findet jetzt wenig Seelen, die zu diesem folgenden Grad des Heilswegs gelangen und sich willig von Gott zu dem verborgenen Geheimnis CHRISTUS IN UNS führen lassen (Kol. 1,27). Die armen Gemüter haben keine rechten Wegweiser, die sie in diesen einfältigen Weg (welcher, wie der liebe Heiland selbst bezeugt (Mt. 11,25), den Selbstklugen und Weisen verborgen bleibt und nur den Einfältigen offenbart wird) vermittelst der Gnade einleiten können, denn es fehlt an erfahrenen Arbeitern im Weinberge des Herrn, welche alle Grade des Heilswegs müssen durchgewandert sein.

Dieser einfältige, innere Kinderweg, welcher ein Weg des Herzens und der Liebe ist, ist nicht für die Vernunft und den Verstand, davon kann er nicht begriffen werden. Er ist für sie eine Torheit, wie Paulus bezeugt (1. Kor. 2,14). Daher befiehlt unser Heiland, dass man einfältig werden soll wie die Kinder, weil man sonst nicht in diesen inneren Weg, wo das Himmelreich zu finden ist (Luk. 17,21), eingehen kann (Mt. 18,3). O es würden viele Seelen gar bald zu dem Reich Gottes gelangen, wenn sie nur kindlich und einfältig Gott folgten und sich allein der Leitung des Heiligen Geistes übergäben, ihr eigenes Urteil verleugneten und sich nicht durch die sinnlichen Tröstungen und Süßigkeiten aufhalten lassen.

Ich sage es noch einmal: Die bloße Vernunft und der Verstand stehen dem Geist der Wahrheit, der uns in diese Wahrheit selbst einleiten will (Joh. 16,13), gerade entgegen. Und eben darum sagt der heilige Apostel, dass der Mensch, welcher unter der Vernunft steht, die Dinge des Geistes Gottes nicht könne begreifen, sondern dass sie ihm ein Ärgernis und eine Torheit seien. Daher muss die Vernunft allerdings eher dem Geiste Gottes unterworfen und gehorsam werden, bevor die

Seele zum Gebet im Geiste und in der Wahrheit (Joh. 4,23) geführt werden kann.

Wenn nun auch eine erleuchtete Seele einer andern unter der Vernunft stehenden eine einfältige Anweisung zu dem inneren Wege gibt, so glaubt diese doch ihrer Anweisung nicht eher, bis sie in die allergrößte Not gesetzt und weder bei sich selbst, bei ihrer Vernunft noch bei andern Seelen in dem trostlosen und dürren Zustand ihrer Sinne keine Hilfe noch Rat findet. Wie leicht aber könnte sie dieser Not enthoben sein, wenn sie der erleuchteten Seele glaubte, ihrer Anweisung in Einfalt folgte und dieselbe mit Hintansetzung ihrer armen, blinden Vernunft und Loslassung der ihr abgenommenen sinnlichen Tröstungen, Kraft und Geschmack in ihren geistlichen und wirksamen Übungen, nur einige Wochen probierte. Da geht man aber lieber hin und sucht seine sinnlichen Tröstungen wieder hervor, nimmt allerlei zur Hand, das einem doch keine Nahrung gibt, und strengt sich an, mit vieler Wirksamkeit und Zerarbeitung in der Menge seiner Wege (Jes. 57,10), aus den Mitteln und Übungen Kraft und Geschmack zu pressen, so dass solche Seelen also wieder umkehren in ihren Weg der Wirksamkeit und Vermanigfaltigung, folglich nicht eingehen können in die Ruhe des Volkes Gottes, die der Herr ihnen nunmehr erteilen wollte; deren sie sich also aus Unglauben, wie Paulus sagt (Hebr. 4) verlustig machen.

Sie gehen also in einem Kreis (im ersten Grad des Heilswegs) wie die Kinder Israel in der Wüste herum, und ob sie auch schon der Herr einige Male wieder an diesen zweiten Grad führt, so gibt es doch wenige, welche dahin übergehen und sich aus dem Äußern ins Innere, aus den Sinnen ins Herz, aus der Betrachtung zur Beschauung und aus dem Lichtsglauben zum schmackhaften Glauben überführen lassen (2. Kor. 3,18). Daher muss der Herr die meisten begnadigten Seelen in der Wüste der äußeren, sinnlichen Wirksamkeit sterben lassen. Und falls sie keine erfahrene Seele finden, davon sie sich raten lassen und derselben mit Beistand der Gnade im Glauben folgen, so verscherzen und verlieren sie wahrlich ein großes Gut, und die verheißene Ruhe in ihrem Herzen.

Darum, mein lieber Bruder, der du dich jetzt auch in solchem Zustande befindest, worin du ein großes Gut und die Ruhe deiner Seele aus Unglauben verscherzen, aber auch erhalten und gewinnen kannst, du bist auch am Ende des ersten Grades auf dem Wege zum Heil, und sollst nun zum zweiten Grad vom Herrn hinübergeführt werden, nämlich aus den Sinnen zum Geist, aus dem Äußern zum Innern, aus dem Mittelbaren zum Unmittelbaren, aus dem Gebet der Betrachtung der Menschheit Christi zum inneren Gebet der Beschauung seiner Gottheit, und wie schon oben erwähnt, von dem Lichtsglauben zu einer höheren Staffel des Glaubens (Röm. 1,17), welchen man den schmackhaften Glauben zu nennen pflegt.

Dass dich nun der Herr ganz gewiss in diesen zweiten Grad hinüber führen will, erhellt daraus, weil Er dir die Brüste der sinnlichen Empfindungen und Tröstungen entzogen (Jes. 28,9), weil Er dir für jetzt in keinen äußeren Mitteln, weder im heiligen Abendmahl, im Predigthören, im Lesen, im Gesang, im mündlichen Beten, in allen Betrachtungen der Leiden Christi und der Werke und Geschöpfe Gottes, noch bei deinen guten und frommen Gesellschaften, worin du dich sonst mit Lust geübt, weder Kraft noch Geschmack finden lässt, und du dich vielmehr unvermögend und kraftlos findest, in denselben wirksam zu sein, sondern dass sich dein Gemüt nur zum Stillesein, zur Einsamkeit und Ruhe neigt (Jes. 57,10), weil deine Sinnlichkeit in die geistliche Dürre und Dunkelheit gesetzt ist, und du also sowohl in keinem Geistlichen als Irdischen Vergnügen noch Geschmack findest, vielmehr dir alles dieses nur ekelhaft und zuwider vorkommt.

So scheint dir denn nun in diesem allem der Himmel als ganz verschlossen, und du wirst große Ursache zu haben vermeinen, um mutlos und verlegen zu sein, oder in Zweifel und Bekümmernis zu geraten, weil dich Gott und dein lieber Heiland nun gar verlassen hat. Aber sei nur getrost, denn dieses, mein lieber Bruder, sind gewiss die eigentlichen Kennzeichen, welche diesem zweiten Grad des Heilswegs, dem inneren Wege vorangehen. O du bist wahrlich sehr glücklich, dass dein lieber Heiland dich auf diese Weise behandelt. Denn wenn Er dir die offene Tür der sinnlichen Kraft und Tröstungen nicht zutäte und verriegelte (Offb. 3,8), so würdest du Ihm nicht folgen, sondern deinen eigenen Weg der Vernunft gehen. Darum hast du wahrlich große Ursache, Ihm sehr erkenntlich und dankbar zu sein.

Der liebe Heiland hat dir die offene Tür deiner Sinnlichkeit deswegen zugeschlossen, damit Er dir die Tür deines Herzens und des Inneren aufschließen und eröffnen könne. Er hat seine Wohnung im Herzen und nicht in den Sinnen (Jes. 57,15). Nun will Er, dass du auf dein Inneres von nun an merken, in dein Herz gehen und einkehren und daselbst in dir dein Gebet verrichten sollst (Jes. 44,18-19). Da, da will Er dich erwarten und zu sich ziehen, ja sich selbst dir geben mit allem, was du bedarfst!

Dieses bezeugt Er selbst, wenn Er zu seinen Jüngern sagte, als Er sich aus ihrer Sinnlichkeit wegbegeben und ihnen seine Menschheit entziehen wollte, es wäre gut, dass Er hinginge, sonst käme der Tröster (das ist seine Gottheit), der Heilige Geist nicht zu ihnen (Joh. 16,13; Joh. 14,23).

Darum so setze in Ihn keinen Zweifel noch Misstrauen, und mache dir über den dürren und trostlosen Zustand deiner Sinne weder Sorge noch Bekümmernis, sondern erdulde in Gelassenheit und Stille alle die Beraubungen deiner vorhin gehabten Schätze ganz gerne und williglich, lieber gib dich ganz in die liebevollen Hände deines treuen Heilandes und strenge dich nicht an, um Saft und Geschmack aus deinen vorhin gehabten Mitteln und Übungen zu pressen, oder in diesen Dingen wirksam zu sein, weil du dir alsdann selbst einen großen Schaden für diese Zeit an deinem Gemüt zufügen würdest. Lasse vielmehr dieses alles fahren, damit du die herrlichen Wirkungen und den süßen Liebeszug deines treuen und allerliebsten Heilandes nicht hinderst, der dich jetzt in dein Herz oder Inneres zu sich selbst ziehen will, um dich da in die Einfalt, Stille und Ruhe vor Ihm zu bringen, damit Er dich da nach seinem Wohlgefallen leiten, bewirken und von der Befleckung des Geistes reinigen (2. Kor. 7,1) und heiligen möge, ja dich wieder in sein Bild vergestalten könne (2. Kor. 3,18).

So hüte dich denn, dass du diesem seinem göttlichen Liebeszug (der so sanft und ruhig ist, dass er nicht anders als in großer Stille kann gemerkt und wahrgenommen werden) weder durch dein bisher getriebenes, unruhiges und sinnliches Gewirke, weder durch Misstrauen oder Zweifel, noch auf keine Weise widerstehen und also verlieren mögest! Das würde dir einen unersetzlichen Schaden verursachen, und dein lieber Heiland würde sich genötigt sehen, dich wieder in deinen alten, sinnlichen Seelenzustand, in den ersten Grad des Heilswegs zu setzen, damit du dich ganz von Ihm ab und zur Welt wieder zurückkehrst.

Es ist einmal ganz unmöglich, dass wir Gott außer uns oder in unseren Sinnen jemals wesentlich finden noch allda mit Ihm vereinigt werden können; hiervon weiß weder die Schrift noch die Erfahrung etwas. Hingegen könnte ich dir aus unzähligen Schriftstellen beweisen, dass Er in unseren Herzen wohnen und sich mit uns im Geiste durch den Glauben vereinigen will. Lass mich zu dem Ende nur einige wenige Schriftstellen, welche solches unumstößlich beweisen, dir vor Augen legen, und wo du dieselben an dir zur Kraft kommen lassest, und meiner einfältigen Anweisung folgst, so wird die frohe Erfahrung davon dir die seligste und allergewisseste Überzeugung sein.

Es heißt: Ich will wohnen in denen die eines zerschlagenen Geistes sind (Jes. 57,5).

Ich will in ihnen wohnen und in ihnen wandeln. (2. Kor. 6,16).

Wir wollen zu euch kommen und Wohnung in euch machen (Joh. 14,23).

Das Reich Gottes ist inwendig in euch (Luk. 17,23).

Und Paulus bezeugt ferner: Ihr seid Gottes Tempel, wisset ihr nicht, dass Gottes Geist in euch wohnt? (1. Kor. 3,16; 6,19). Ferner redet er von dem großen Geheimnis des CHRISTUS IN UNS, welches da ist der herrliche Reichtum und die Hoffnung der Herrlichkeit (Kol. 1,17).

Lasset uns Petrus hören, welcher bezeugt von dem hellen Morgenstern (wie Christus in der Offenbarung von Johannes genannt wird), der in unseren Herzen aufgehen muss (2. Petr. 1,19). Der eben genannte Lieblingsjünger des Heilands sagt von der Salbung, die in uns ist (1. Joh. 2,27), welche der Geist Gottes ist, der uns in alle Wahrheit leitet (Joh. 16,13). Daher spricht Gott selbst beim Propheten Jesaja, dass die Übertreter in ihr Herz wieder einkehren sollen (Jes. 46,8), womit vorausgesetzt wird, dass sie sich aus ihrem Herzen (das ist von Gott) abgewandt hätten. Aus diesen wenigen, doch schon genug angeführten Schriftstellen ist also sattsam klar, dass wir den Herrn in uns selbst, in unserem Herzen und Seelengrunde suchen und finden sollen, und eben deswegen sagt der Heiland: Bleibet in mir und ich in euch, so werdet ihr Frucht bringen (Joh. 15).

Wenn du nun, geliebter Bruder, öfters ein wenig stille stehst, und auf dich selbst merkst, so wirst du ohne Zweifel eine Neigung und einen geheimen Zug bei dir finden, der dich in die Einsamkeit und gerne allein zu sein, merklich zieht. Du wirst manchmal finden, dass du unter den Leuten als in einer Marter und sehr beklemmt bist. Selbst deine Berufsgeschäfte werden dir zuweilen überdrüssig und mühsam zu verrichten vorkommen, daneben wird dir die Welt sehr zuwider, bitter und ekelhaft sein. Aber glaube nur gewiss, dass dieses alles von Gott selbst gewirkte Neigungen sind, welche dich von aller Beunruhigung, Zerstreuung und Anklebung sowohl im Geistlichen als im Leiblichen abziehen, damit dir in der Sinnlichkeit keine Stütze gelassen werde. Daher zieht dich dieser Zug zur Stille, Ruhe und Einsamkeit.

Darum so folge doch diesem meinem treuen Rat, den ich dir aus so aufrichtigem Herzen gebe, als wenn es für meine eigene Seele wäre, dass du nämlich diesem göttlichen Liebeszug zur Ruhe und Einsamkeit, oder deiner Neigung, gerne allein zu sein, in aller Treue folgen wollest. Eile des Tages, so oft deine Berufsgeschäfte es nur immer zulassen, in die liebe Einsamkeit, in die angenehme, ruhige Wüste mit Gott allein, der dir da an dein Herz zu reden begierig ist (Hos. 2,14). Wenn du nun in dieser deiner lieben Einsamkeit und mit Gott alleine bist, alsdann schlage alles, was nicht Gott ist, aus deinen Sinnen und Gedanken.

Lasse alles, was dich etwa zerstreuen könnte, fallen und fahren für diese Zeit und halte dich mit nichts, weder mit etwas Geistlichem, Natürlichem, noch Irdischem zu betrachten auf, damit dich nichts in deinen Sinnen und Gedanken beunruhigen möge. Werfe dagegen deine Bekümmernisse und Sorgen nur auf Gott (Mt. 6,31-32), und setze dich in Stille und Ruhe vor Ihm nieder. Kehre dich also mit voller Zuversicht und Glauben (nämlich dass Jesus in dir ist) in dein Inneres oder in dich selbst zu deinem Herzen, mit allem deinem Seelenvermögen, mit deinem Verstand, Willen und Gedächtnis, und bleibe da in großer Stille und Ruhe vor deinem lieben Heiland gesammelt und mit einer liebreichen Aufmerksamkeit eingekehrt.

Wenn du nun so zu Ihm eingekehrt bist, und in dir, in deinem Inneren oder Seelengrunde sobald noch keinen Frieden oder Ruhe merkst, so kannst du wohl, so du dich dazu geneigt findest, während deiner liebreichen Aufmerksamkeit in dir zu deinem Heilande (jedoch sanft und still) einen kleinen Seufzer tun, als ungefähr auf folgende Art: Herr Jesu! Ich komme dich zu suchen, zu lieben und anzubeten, und dass ich deinen allerliebsten Willen gerne zu wissen begehre.

Wenn dieses geschehen, alsdann schweige eine geraume Weile wieder stille und halte dich inwendig in stiller Ruhe und Ehrerbietung liebreich eingekehrt, und hoffe stets auf deinen Gott (Hos. 12,6), denn durch Stillesein wird dir geholfen (Jes. 30,15). Tue wie David, welcher nicht sagt: Ich will reden, sondern ich will hören, d.h. vor dem Herrn in mir stillebleiben, damit ich den Frieden, den der Herr in mir reden will, annehmen kann (Ps. 85,9).

Mache es wie die klugen Jungfrauen, die im Glauben und in der Liebe warteten, so lange, bis der Bräutigam ihnen die Türe öffnete (Mt. 25,10), denn der Bräutigam kommt öfters zu einer Stunde, da man es nicht meint (Luk. 12,40), daher du gleich einem Knechte, der auf den

Befehl seines Herrn wartet, dich betragen und seinem Willen übergeben bleiben musst.

Der liebe Heiland mag sich dir dann für diesmal offenbaren oder nicht, du musst dennoch deine Zeit im Gebet dieser inneren Einkehr, wenigstens jedes Mal eine halbe Stunde (so oft du nämlich des Tages zum Gebet gehst) treulich aushalten und seiner erwarten, denn das Warten der Gerechten wird Freude werden (Spr. 10,28). Halte dich aber sonst außer dem Gebet den Tag über, soviel es dir möglich ist, inwendig zu Jesu gekehrt und gesammelt, damit wenn der Bräutigam die Tür zu seiner Zeit öffnet, du alsdann gleich den klugen Jungfrauen im Glauben wachend und auf Ihn wartend angetroffen und zu der Hochzeit seines großen Friedens und salbungsvoller Liebe eingeführt werdest (Mt. 25,10).

Dieses Einkehren in sich selbst oder in sein Inneres ist die allerleichteste und einfältigste Übung, wenn die Seele es nur einmal gewohnt ist. O möchten doch alle erweckten Seelen, in welchem Grad des Heilswegs sie auch sind, sich zu dieser Übung anschicken, sich mehr zur Stille gewöhnen und die Einsamkeit suchen! Möchten sie gleich nach der Vergebung ihrer Sünden Gott und sein liebreiches Angesicht in ihnen selbst suchen und nach dem ausdrücklichen Befehl Gottes (Jes. 46,8) zu Ihm in ihr Herz einkehren, so würden sie in wenigen Wochen nach ihrer Bekehrung Gott, ihren Heiland und seinen Liebeszug inwendig in ihren Herzen finden, davon ich wirklich die Erfahrung habe. Dieser inwendige Zug würde die Seele dann bald von aller Welt- und Kreaturenliebe, ja von allem, was nicht Gott selbst ist, abziehen und sie nicht nur von aller Missetat, die in ihr ist (Jer.33,8), das ist von aller Befleckung des Fleisches und des Geistes reinigen und heiligen, sondern sie auch zu Kindern des Friedens machen, die in den herrlichen

Genuss des salbungsvollen Friedens und der Wollust vollen Liebe eingesetzt würden.

O das in sich Einkehren ist die allerbeste, die allersicherste und herrlichste Übung des Gebets! Es ist sich in Gott selbst versenken, den Glauben gegen Gott beschäftigen, in Ihm ruhen, in Ihm einschlafen (Hohel. 3), Ihn lieben, sich Ihm ganz vertrauen und seiner Wirkung gelassen sein, damit man in diesem Leben schon den ewigen Sabbat empfange.

O ein unschätzbares Glück für die Seele, welcher der liebe Heiland die Tür ihres Inneren öffnet; sie wird von Gnade und Heil singen können!

O dann ihr lieben Seelen, die ihr euren lieben Heiland so weit von euch glaubt und Ihn unter den Geschöpfen, ja gar über den Wolken suchet, die ihr durch die Gassen und Straßen eurer Sinne und Vernunft laufet und Ihn doch nicht finden könnt, auch allda nicht finden werdet, höret doch die Stimme eures Bräutigams, der euch von innen zuruft: Kehret doch in euer Herz!

Dieses in sich Einkehren oder in sich selbst Einsammeln ist wie gesagt eine so leichte Sache, dass es der Seele als wie natürlich ist. Es ist eben, als wenn ich natürlich in mich selber sehen wollte, da ich alle meine Gedanken mit Willen nicht zerstreue, sondern einziehe, still werden lasse und solche zu meinem Herzen sammle und einkehre, glaubend, dass Gott allda gegenwärtig und mich bewirken wolle, ob ich Ihn schon nicht sehen noch vernehmen kann, weil Er ein verborgener Gott ist (Jes. 45,15).

Da müssen wir Ihm dann stillhalten, in Liebe an Ihn denken und auf Ihn merken, jedoch im Glauben, wo man zwar nichts sieht, aber doch hofft und nicht zweifelt an dem Unsichtbaren (Hebr. 11,1); denn das Sichtbare ist vergänglich, aber das Unsichtbare ist ewig.

Tue ebenso als einer, der schlafen will, der sich alsdann nicht befleißigt auf etwas zu sehen oder zu denken. Er schließt vielmehr die Augen zu und lässt alle Sorge und Bekümmernis fahren, flattert auch nicht mit seinen Gedanken herum, sondern sucht, wie er stille in den Schlaf kommen möge. Ebenso tue du auch, nur dass du anstatt des Schlafes deines Leibes einkehrest zu deinem Herzen, und dich allda mit dem Liebesjünger Johannes an der süßen Jesusbrust zur Ruhe niederlegst (Joh. 13,23), und mit deinen Seelenkräften in seinen Liebesarmen einschläfst (Hohel. 2,6), alsdann wird das Lieben dein Geschäft sein.

Diese edle, Gott sonderlich gefällige Übung lass dich nicht durch deine Vernunft (die da blind ist, um geistliche Sachen zu beurteilen) verdächtig machen, noch abgeschmackt und töricht vorkommen. Die meisten Seelen stoßen sich an derselben Einfalt, absonderlich die, so gelehrte, starke und kluge Vernunftsleute sind, denen dieses Geheimnis verborgen bleibt, wie solches der Heiland selbst bezeugt (Mt. 11,25). Man kann es ihnen auch nicht verdenken, dass sie diese einfältige Liebesübung verwerfen und verachten und dieselbe für Phantasie, Irrtum und Torheit ausschreien, weil sie von einer Sache urteilen, die sie weder kennen noch verstehen, und weil sie den Weg der Liebe und des Friedens nicht wissen (Jes. 59,7-8).

Du aber, geliebter Bruder, probiere nur diese einfältige Übung, welche dir zwar anfänglich noch wohl etwas schwer fallen könnte, weil du in so großer Mannigfaltigkeit deiner Sinne gelebt (die sich also nicht so bald ganz stillen lassen), die dir aber in wenig Zeit ganz leicht werden wird, wenn du nur ein paar Wochen damit beständig des Tages hindurch anhalten und fortfahren wirst. In solcher Zeit wirst du erfahren, dass dich in deinem Inwendigen eine liebevolle, angenehme und süße Ruhe einnimmt, die von Zeit zu Zeit, je mehr du dich einkehrst, immer kräftiger werden wird. In kurzer Zeit wird ein großer, inwendiger, salbungsvoller Friede, mit einer süßen, göttlichen Liebe verpaart, deine ganze Brust erwärmen und einnehmen. Ja, dein ganzes Gemüt wird sich damit angefüllt finden, so dass du, wo du gehst und stehst, in einem immerwährenden Herzensgebet als in einem steten geistlichen Atemholen und Gott sehr angenehmen Rauchopfer (doch ohne dein Zutun) vom Geiste Gottes gesetzt finden wirst, der dich unaufhörlich mit unaussprechlichen Seufzern bei Gott vertreten wird, wenn dein Mund und Gedanken schweigen und du nicht weißt, was du bitten und begehren sollst (Röm. 8,26-27).

Das wird alsdann eine rechte Anbetung im Geist und in der Wahrheit werden (Joh. 4,24), und dieser selige und liebliche Genuss in deinem Innern wird dir alsdann weit über alle deine vorhin gehabten Tröstungen und sinnlichen Süßigkeiten gehen, ja ein einzig Viertelstündchen in diesem inwendigen Genuss wirst du alsdann für alle Welten nicht vertauschen wollen. Verlangst du eine kleine Beschreibung dieses schmackhaften Glaubens in seiner Vortrefflichkeit zu sehen, so schlage in den heiligen und seligen Mannes Gottes Tersteegens Blumengärtlein das Lied auf: Ach Gott, man kennet dich nicht recht.

Aus dem, was bis hierher gesagt, wirst du schon leicht abgenommen haben, dass man in dieser inneren Gebetsübung als aus eigenem Trieb nicht immer wirken und reden müsse. O nein! Denn sobald und absonderlich alsdann, wenn du inwendig mit einer Ruhe eingenommen wirst, welche alle deine Wirksamkeit auf eine göttliche Weise in dir in sich begreift, alsdann wirkt Gott und sein Geist selbst in dir, dessen selige und sanfte Wirkung du durch deine grobe Hand nur verderben und deine innere Ruhe alsdann stören würdest. Du musst vielmehr vor Gott in Stillschweigen und Gelassenheit bleiben so lange, bis dich der Geist Gottes zum Wirken treibt (Röm. 8,14). Sodann wirst du ohne Anstrengung und in aller Ruhe leichtlich wirken können, da du im Gegenteil das Werk Gottes in dir nur verderben und seiner heiligen und kräftigen Wirkung gerade im Wege stehen würdest. Daher musst du dein eigenes Wirken beiseitelegen und deinem Munde und Verstand das Reden und Plaudern nicht zulassen, wenn dich die Vernunft dazu verführen und dir weismachen will, dass du müßig wärest. Dieses ist aber in der Tat nicht also, wie du aus folgendem Beispiel deutlich abnehmen kannst: Martha war im Äußern sehr geschäftig, dem Heiland zu dienen, hingegen war sie müßig nach dem Inwendigen. Maria aber war im Äußern müßig, da sie nur stille zu den Füssen Jesu saß, dagegen aber war sie im Inwendigen geschäftig und fähig, die Wirkungen Gottes in ihr zu empfangen, welche Martha nicht empfing. Darum sagt der Heiland, dass nicht Martha, sondern Maria das beste Teil erwählt habe (Luk. 10,42).

Unsere beste und größte Wirksamkeit besteht darin, Gott zu lieben und dass wir uns bereit und fähig halten, die göttlichen Wirkungen anzunehmen, und das heißt die Gnade nicht vergeblich empfangen. Damit hat eine innige Seele genug zu tun, und dass sie ihre Gedanken gesammelt halte, um dieselben aus allen Zerstreuungen in fremde Dinge und aus den ihr zustoßenden Versuchungen abzuziehen. Denn der Satan bestürmt mit seinen Versuchspfeilen eine innere Seele, welche ihm ganz entgeht, am allermeisten und härtesten, um sie aus dieser Festung des Innern, wo sie bei Gott ist, mit List herauszulocken, oder sie mit Gewalt (jedoch vergeblich) durch allerhand unreine Versuchungen in ihrer Sinnlichkeit, durch Furcht und Zweifel hinauszujagen.

Um dieses nun in Geduld auszuhalten und dagegen leidend zu sein (2. Tim. 2,3), sich dafür in den Schoß Gottes zu verbergen und darin in Stille liegen zu bleiben, da ist wahrlich die Seele nicht müßig.

Halte dich folglich in deiner Einsamkeit und inneren Gebetseinkehr vor Gott ganz stille und tue nicht wie die Heiden, die viele Worte machen, denn der Herr weiß besser, was du nötig hast, als du selbst (Mt. 6,8). Daher sagt David: Ich will schweigen und meinen Mund nicht auftun, du wirst es wohl machen (Ps. 39,10). Gott ist allwissend, der deine Gedanken von ferne sieht und den Grund deines Herzens durchforscht (Ps. 139).

Weil du nun selber nicht weißt, was du bitten sollst wie es sich gebührt, und was dir gerade jetzt dient oder dienlich ist, so schweige lieber still, damit der Geist in dir seufzen möge, welcher alles nach dem Willen Gottes bittet, und welchen der Herr allezeit erhört (Röm. 8,26-27). Man muss in der Gegenwart eines weltlichen Königs mehr schweigen als reden, o wieviel mehr ist darum solches geziemend vor der Gegenwart Gottes, welcher der König des Himmels und der Erde ist! Darum sagt Salomo: Sei nicht schnell mit deinem Munde und lass nicht dein Herz eilen, etwas zu reden vor Gott, denn Gott ist im Himmel und du auf Erden, darum lass deiner Worte wenig sein (Pred. 5,1).

Wenn du demnach zum Gebet gehst, so sage deinem lieben Heiland ganz kurz dein Anliegen, und alsdann schweige und bleibe bei Ihm im Herzen in Ruhe und ohne Sorgen eingekehrt, um allda nur auf Gott zu merken, der dir seinen Frieden geben oder denselben in dir reden wird (Ps. 85,9). Diese Reden Gottes sind nichts anderes als seine kräftigen Wirkungen des Friedens, die der königliche Prophet in sich anhören und leidentlich annehmen wollte. Der Prophet Habakuk bekräftigt dieses, wenn er sagt: Ich will meine Seelenkräfte zu wirken innehalten, damit ich die Rede oder Wirkung Gottes in mir hören oder leidend annehmen kann (Hab. 2).

Diese göttliche Sprache ist nicht wie eine Menschensprache, auch hat sie keinen Ton, sondern Gott schafft zugleich dasjenige, was Er ausspricht. Es heißt von Ihm: Es werde Licht und es ward Licht (1. Mose 1,3), und Johannes bezeugt, dass durch das Wort (welches ist Jesus Christus, den Gott auch in uns ausspricht) alles gemacht sei, was gemacht ist. Daher ist es von der größten Notwendigkeit, dass wir uns vor Gott nur stillschweigend, leidend, gelassen und ruhig verhalten, damit Er in uns zu wirken Raum haben möge.

Im Fall aber keine Ruhe und Friede in dir vorhanden ist, so kannst du, wie schon oben gemeldet, wenn du nach dem Trieb des Geistes dich geneigt findest, einige Liebesseufzer in aller Freiheit inwendig zu deinem Heilande ergehen lassen. Sobald du aber Ruhe und Friede in dir merkst, muss alles eigene Wirken eingestellt werden, um in dieser Ruhe oder Frieden schweigend und still in der liebevollsten Aufmerksamkeit zu Ihm innerlich gesammelt zu bleiben, damit Er zu deinem Herzen reden kann (Hos. 2,14).

Weil denn nun alles Äußere nur dazu dienen soll, um uns zu dem Inneren zu bringen, so müssen folglich alle äußeren Mittel und gottesdienstlichen Übungen in diesem Grade des Heilswegs nicht anders denn mäßiglich gebraucht werden, nämlich um sich dadurch zu sammeln. Unter dem Lesen, Singen, Predigthören und unter deinen Betrachtungen musst du also dann und wann eine Zeitlang still zu deinem Herzen einkehren, und wenn du alsdann die Gegenwart deines Friedefürsten in Liebe und Ruhe gewahr wirst, dann muss es bei dir heißen: Der Herr ist in seinem heiligen Tempel, alles schweige und sei still vor ihm (Hab. 3,20). So musst du denn gleich die Mittel wieder zurücklegen und dich von allem Äußern ab zu deinem Inneren wenden, um in Stillesein und Ruhe nur liebreich auf deinen Heiland zu merken. Denn das wäre eine große Untreue und Verunehrung deines lieben Heilandes, wenn du alsdann dich noch in den Mitteln ergötzen und Ihn darin suchen wolltest, da Er selbst dir so nahe wäre. So würdest du ja die Quelle für den Kanal verlassen, den du doch nur dazu brauchst, dass er dich zur Quelle selbst bringen sollte. Auch würdest du der Gnade, die Er dir alsdann schenken wollte, dich selbst berauben und dieselbe vergeblich empfangen, indem dein Verhalten ebenso wäre, als wenn du einen lieben Freund bei dir im Hause hättest, und du wolltest denselben noch bei andern oder auf der Gasse suchen.

Indessen wirst du dich auch von diesen äußeren geistlichen Mitteln oftmals sehr stark abgezogen finden durch den inneren, salbungsvollen Zug des Friedens, der dich kräftiglich nach innen und in deinen Herzensgrund ziehen wird. Alsdann wirst du dich unlustig und unvermögend befinden, die Mittel zu gebrauchen. So lasse dieselben dann fahren. Denn wenn du dich auch darin anstrengen würdest, würden sie dir doch alsdann keine Nahrung geben. Gehe denn allezeit von den Mitteln zum Ende und folge deinem inneren Zug, der dich immer mehr von aller Mannigfaltigkeit in die Einfalt und aus allem Äußern und Sinnlichen ins Innere und Geistliche zieht.

Daher halte dich inwendig still bei Jesu in einer gänzlichen Übergabe und folge dem göttlichen Zug seiner wohlriechenden Salbe, den die Braut (Hohel. 1) so sehnlich von Christo, ihrem Bräutigam, begehrt, wenn sie sagt: Ziehe mich nach dir, so laufen wir in dem Geruch deiner Salben; wodurch sie nichts anderes andeutet, als den salbungsvollen Frieden, und die wollustvolle Liebe, welche die Seele mit allen ihren Seelenkräften inwendig an sich zieht, zu Jesu sammelt und in die Einfältigkeit bringt, so dass die Vermögenheiten der Seele diesem Zug stark zulaufen, der sie kräftig und immer tiefer in ihren Grund des Inwendigen zieht. Diese göttliche Salbung belehrt die Seele in ihrem Inwendigen unmittelbar auf eine wundervolle Weise (1. Joh. 2,27), und zieht ihre Liebe fast ohne ihr Zutun ab von allem Sichtbaren, Kreatürlichen und Geistlichen, was nicht Gott selbst ist, der die Liebe der Seele zu sich zieht, so dass ihre ganze Liebe nur auf Gott gerichtet wird, wie Christus befiehlt (Mark. 12,30).

Diese gänzliche Liebe zu Gott bringt die Seele zu einer ganz blinden Übergabe an seine göttliche Vorsehung, welche darin besteht, dass sie alles dasjenige, so ihr unmittelbar im Äußern und unmittelbar im Inneren begegnet, gelassentlich aus seiner väterlichen Liebeshand sucht anzunehmen und sich stets bei allen Dunkelheiten und Unempfindlichkeiten, oder wie ihr Seelengrund beschaffen ist, zu Gott, ihrem Heilande in sich selbst einkehrt und in Stille leidet. Dadurch wird die Seele dann, weil sie so ganz gehorsam und kindlich, von Gott gar liebreich und geschwind geführt. Und weil sie so kindlich mit Ihm umgeht, so geht der liebe Heiland auch ganz väterlich mit der Seele um, wie uns das Hohelied anzeigt.

In diesem Weg reinigt und heiligt Gott die Seele und schmückt sie nach und nach mit vielen Tugenden aus, dass sie einem wohlriechenden Blumen- und Gewürz-Garten gleich wird, der zur Lust des Bräutigams ist, aber der Welt unbekannt und verschlossen bleibt (Hohel. 4,12-13). Denn des Königs Tochter ist inwendig und nicht äußerlich ganz herrlich (Ps. 45,14).

Da teilt dann der liebe Heiland der Seele öfters in ihrem Inneren einen solchen Genuss mit, davon sie zuweilen eine Zeitlang von sich selbst kommt und gleichsam entzückt wird, so dass sie nicht weiß, wo sie in solchem unaussprechlichen Genuss gewesen ist. Dieses aber ist eine außerordentliche Gnade, die keine Seele begehren darf, noch muss. Der allgemeine Genuss des Bräutigams, den eine jede Seele nach Maß ihres Standes, die eine mehr, die andere weniger, je nachdem sie es bedürfen, schmeckt, ist schon so selig und herrlich, dass er nicht ausgesprochen werden kann und mit nichts zu vergleichen ist, wogegen alle anderen sinnlichen Ergötzungen für wenig oder gar nichts zu rechnen sind; denn das Geistliche und Göttliche übertrifft weit das Sinnliche.

Auch hat die Seele in dieser Übung der inneren Einkehr eine so leichte Art der Verleugnung, dass man es nicht glauben kann. Alles gesetzliche Treiben und Unruhe ist dabei nicht zu finden. Ihre Verleugnung, die mit dem Herzensgebet stets verpaart geht, tut die Seele ganz still und in Ruhe, ja willig und gern. Sie bleibt dabei in ihrem Inwendigen bei Jesu und in seiner Liebesgegenwart, dessen Freundlichkeit und Liebe sie schmeckt (Ps. 34,9).

Alles, was dieser Seele nun an dieser friedlichen, liebevollen und freundlichen Gegenwart ihres Bräutigams stören oder sie zerstreuen und ihre Liebe und Neigung von Ihm abziehen kann, davon kehrt sie sich augenblicklich ab und hält ihre Gedanken und Sinne zu ihrem lieben Heiland eingekehrt. Und weil derselbe ihr so innigst nahe ist, so unterrichtet Er sie auch beständig, wie und worin sie sich um seinetwillen verleugnen und was sie tun und lassen soll (Ps. 25; 32,8). Dieses ist die wirksame Verleugnung der Seele, die sie in großem Frieden und Ruhe verrichtet, ohne die Gegenwart Gottes in ihrem Inwendigen zu stören, viel weniger zu verlieren. Im Übrigen lässt sie alle Sorge und Bekümmernis sowohl im Geistlichen als Zeitlichen ihrem liebe Heiland heimgestellt sein (Mt. 6), wodurch sie also auch im Äußeren viel Ruhe und Frieden in ihren Sinnen erlangt, so dass die innere Ruhe und der Friede ungestört bleibt.

In diesem inneren, wollustvollen Genuss des Friedens und der Liebe, welcher der Seele inwendig so unaussprechlich süß und liebreich schmeckt, will sie nun wohl Tag und Nacht eingekehrt bleiben, wie sie denn auch fast den ganzen Tag in dieses eingegossene und unaufhörliche Gebet von Gott gesetzt wird; nämlich im Stillschweigen und ohne Worte, um nur inwendig vor Gott dargestellt und eingekehrt zu bleiben und da Ihn zu lieben.

Dieses wird dir durch die Erfahrung klar werden, und dann wirst du begreifen lernen den Spruch Christi und des Apostels, dass wir allezeit und ohne Unterlass beten sollen (Luk. 18; 1. Thess. 5,17). Denn die Seele ist von Gott ins Gebet gesetzt und braucht sich daher nicht lange dazu zu wenden, wiewohl sie doch die gesetzten Stunden des Tages im Gebet nicht versäumt, obschon sie stets, wo sie geht und steht, wo sie mit jemand redet oder nicht redet, im unaufhörlichen Gebet in ihrem Inwendigen mit ihrem Geist vor Gott begriffen ist (Joh. 4).

Und dieser Geist des Gebets ist nicht weniger wirksam des Nachts in der Seele, so dass, wenn sie erwacht, sie sich gleich inwendig vor Gott ins Gebet gesetzt findet (Ps. 139). Diese Seele kann mit gutem Recht mit David singen und sagen, dass der Herr ihr inwendig einen geistlichen Tisch mit himmlischen Speisen bereitet hat, woran sie mit Jesus Abendmahl hält (Offb. 3,20), und dass der Herr sie auf grüner Aue weidet und sie zum Quellbrunnen des frischen Wassers führt (Ps. 23,2). Ja mit allem Recht darf sie mit David ausrufen: Das Los ist mir gefallen aufs lieblichste, o welch ein schön Erbteil ist mir geworden (Ps. 16,6).

Obschon nun, wie bereits erwähnt, eine solche Seele nur inwendig ganz herrlich ist, so kann man solche doch von außen an ihren wenigen Reden in etwas kennenlernen. Denn wenn sie sehr tief versunken und in sich in diesen herrlichen Friedensgenuss stark eingezogen ist, alsdann kann sie nicht anders und sucht auch nichts anderes als ein tiefes Stillschweigen, sowohl äußerlich bei Menschen als auch inwendig vor ihrem Gott auszuüben. Wie beschwerlich und welch eine Not ist es ihr alsdann, wenn sie sich im Umgang und Gespräch mit Menschen, ja selbst mit begnadigten Seelen einlassen muss. Ihre Arbeit und Berufsgeschäfte werden ihr alsdann beschwerlich, obschon sie solche als ein Geschäft von Gott zu tun verbunden sieht. O welch ein großes Übergewicht hat das geistliche Geschäft bei einer solchen Seele für das Zeitliche. Daher zieht sie sich die meiste Zeit, soviel es ihre Umstände nur zulassen, in die liebe Einsamkeit zurück, um sich daselbst ungehindert von Gott in ihrem Inwendigen bewirken zu lassen, diesem herrlichen Reichtum (Kol. 1,27) völlig empfänglich zu werden und ihn zu genießen.

O, denkt und wünscht sie oft bei sich selbst, möchten diesen herrlichen Genuss doch diejenigen etwas kennen und schmecken, welche den irdischen Schätzen und vergänglichen Reichtümern dieser armen Welt und deren Vergnüglichkeit und Ergötzlichkeit so nachrennen, und doch dabei Leib und Leben mit ihrer armen Seele wagen. Wie so bald würden sie die Welt mit allem Eitlen für nichts achten und sie völlig drangeben.

O möchten es doch die lieben Seelen wissen und erfahren (denkt sie), welche so viel von ihrem Heilande reden, die Ihn so weit von sich glauben, ihrer Vernunft nachhängen und nichts anderes glauben wollen, als was dieselbe begreift und fasst; die so sehr den sinnlichen Tröstungen ergeben sind, wie so bald würden sie andere Augen, anderen Geschmack und eine andere Erkenntnis und Liebe von ihrem Heiland erlangen. Aber sie sind reich in ihren Sinnen und in ihrer Einbildung. Sie sind gar satt, ohne zu wissen, dass ihr Geist arm, nackt, blind und bloß ist (Offb. 3,17). Doch diese Menschen kennen den Weg des inneren Friedens nicht (Jes. 59,8), denn die Vernunft kann nicht mit eingehen in das Reich Gottes (Mt. 18,3), das im Inneren ist (Luk. 17,21). Daher begreift und fasst sie auch nicht die Dinge des Geistes Gottes, vielmehr scheinen sie ihr nur Torheit zu sein (1. Kor. 2,14). Wie wollen also solche Seelen diesen Frieden, den Christus nach seiner Auferstehung seinen Jüngern gab (Joh. 20,19), empfangen können, da er doch weit über alle Sinne und Vernunft erhaben ist, wie Paulus in Phil. 4,7 bezeugt.

Es wird, da ich mit diesem Schreiben zum Schluss eilen muss, nun noch nötig sein, mit wenigem zu melden, wie du dich in dem geistlichen Kampf und Streit in diesem geistlichen Weg des Inneren zu verhalten hast. So wisse, denn (nebst dem was schon oben beiläufig davon gesagt worden), dass du gegen alle deine Lüste und Begierden, gegen die Regungen des Fleisches, gegen alle bösen, seelischen Kräfte oder Leidenschaften und gegen alle Versuchungen des Satans und Lockungen der

Welt nicht gerade dagegen angehen und dieselben bestreiten musst. O nein! das würde dich eben gefangen nehmen, dich zerstreuen, dich aus deinem Herzen herauslocken und dir großen Schaden verursachen. Du musst vielmehr fliehen zu deinem Herzen, zu Jesu, dich von allen diesen Versuchungen abkehren und dich vor diesen und allen dir begegnenden Anfechtungen verbergen, ebenso wie im Natürlichen eine Schnecke tut, die ihr Häuslein herumträgt und gleich dahinein kriecht, sobald sie etwas Schädliches befürchtet. Ebenso kehre deine Augen und Gedanken von allem demjenigen ab, und verberge dich vor allen Anfechtungen bei Jesu in das feste Schloss deines Inwendigen, wohinein du fliehen musst, sobald du nur etwas Schädliches befürchtest. Dieses nennt Paulus den Schild des Glaubens ergreifen (Eph. 6) und wie ein rechter Streiter Jesu Christi leidsam zu sein (2. Tim. 2,3).

Indessen sind die Anfechtungen gut, weil sie die Seele tief demütigen und die Eigenheit und den tiefen Hochmut in uns vernichten. Man muss aber in die Versuchungen nicht einstimmen, sondern sich darin steif nach Gott im Inwendigen gerichtet halten, und die Anfechtungen in Geduld und Übergabe an Gott erdulden. (Jak. 1,12).

Tue du auch wie der fromme König Hiskia, welcher dem mächtigen König der Assyrer nicht entgegenging, sondern in den Tempel vor Gott zum Gebet eilte (Jes. 37,14). Ebenso kehre du dich auch in deinen inneren Tempel (1. Kor. 3,16), zu Jesu, der in dir ist, und wirf dich da wie ein Kind in seinen Liebesschoß, bleibe da in Stillschweigen und Ruhe, alsdann wird dir die ganze Hölle nichts tun können. Ja, wenn du da deine Gedanken nur nach Jesu sanft hineinziehst, stille liegen bleibst und ruhst, alsdann wird dein Heiland alles, was dich stören will, beschwören (Hohel. 3), und das assyrische Höllenheer vernichten und verjagen.

Du findest diese Übung fast in allen Psalmen Davids (vergleiche auch Spr. 18,10). Darum kehre dich gleich in dein Inwendiges zu Jesu, der in dir wohnt; es mag dich auch vom Bösen anfallen was da will, weide dich nur nicht drinnen, sondern ziehe deine Gedanken gleich davon ab, und kehre sie zu deinem Herzen. Da allein wirst du eine sichere Freistatt haben und dein Heiland, der mächtige Held im Streit, wird für dich streiten, du aber wirst stille sein (2. Mose 14).

Und ebenso mache es auch, wenn du gesündigt hast, dich zerstreut und deinem Gott untreu gewesen bist. Alsdann kehre mit deiner Besudelung in dem Augenblick wieder zu Jesu Blut, und stelle dich inwendig in deinem Herzen mit Scham und Beugung vor Ihn und zeige Ihm deine Besudelungen, so wird der liebe Heiland dich auch wieder in dem Augenblick reinigen und dich waschen mit seinem Blut (Ps. 51,9). Dieses tue bei allen deinen Strauchelungen, Zerstreuungen, Sünden und Untreuen, und übergib dich dann so oft du Ihm untreu gewesen bist, Ihm wieder ganz; und opfere dich aufs Neue seinem liebsten Willen und Wohlgefallen auf. Alsdann bleibe nur ohne Sorge und Bekümmernis, so wirst du erfahren, dass alles wieder gut gehen und dass Jesus dich keineswegs verlassen wird, weil an seiner Seite sein ewiger Bund feststeht, wie wir auch in unserer sogenannten reformierten Kirche lehren.

Wehe dir aber, wenn du von Jesu zurückbleibst! Sollte es aber auch geschehen, dass der liebe Heiland dich für eine kurze Zeit wegen deiner oftmaligen Untreue, Fehler, Sünden und Zerstreuungen ein wenig innerlich züchtigen würde, das leide von seiner Liebeshand geduldig und williglich. Denn welchen der Herr lieb hat, den züchtigt er auch (Hebr. 12,5; Offb. 3,19), und so wir ohne seine heilsame Züchtigung sind, dann sind wir keine rechten Kinder Gottes (Hebr. 12,8).

Darum ist es für dich sehr nötig, falls du in dem Wege des Heils gewisse Schritte tun und das Ziel deiner Erwählung erreichen willst, dass du alles gelassentlich von Gott annehmest, auch selbst das Kreuz, die Dunkelheit und Blöße im Inwendigen, welche Gott gebraucht, um uns zu reinigen.

Liebe du Gott und seinen heiligen Willen über dich selbst und nicht dein eigenes Vergnügen. Suche in allen Gnaden- und Gunsterweisungen loslassend und abgeschieden zu sein, und verderbe sie nicht durch eigene Anmaßung. Sei darin vielmehr ganz abhängig von Gott und bleibe in Ruhe und Frieden, wenn Er sie dir wieder entzieht, damit deine Liebe nur gerade auf Gott selbst gerichtet bleibe. Daher übergib dich Ihm zu allem seinem Wohlgefallen, sowohl zum Opfer seiner Strafe und Gerechtigkeit, als auch seiner Liebe und Barmherzigkeit, damit du Ihn ganz, in allen seinen Tugenden lieben und verehren mögest.

Alsdann wirst du in eine Beständigkeit des Gemüts kommen, und dein Herz wird fest werden (Hebr. 13,9), dass du im Frieden bei Gott leben wirst. Ja, nachdem du durch alles wirst hindurchgegangen sein, und treulich diesem göttlichen Zug in deinem Inwendigen gefolgt bist (welcher nachher in diesem schmackhaften Glauben immer ausgebreiteter, ungefühliger, bloßer und einfältiger, d. h. geistlicher in deinem inwendigen Grunde wird, dass du ihn immer weniger und endlich gar nicht mehr merken kannst, so dass dein Grund alsdann sehr bloß und als natürlich scheinen wird), alsdann wirst du in den dunklen Glauben, als die dritte Stufe oder Grad des Heilswegs eingehen, worin du aufs innigste mit Gott selbst wirst vereinigt (Hos. 2,14), und geradezu ein Geist mit Gott (1. Kor. 6,17; Joh. 17), ja ins Ebenbild Gottes vergestaltet werden (2. Kor. 3,18). Alsdann wird dich weder Leid noch Freude beweglich machen, und weder Hohes noch Tiefes, weder Gegenwärtiges noch Zukünftiges wird dich von Gott und seiner Liebe scheiden können (Röm. 8,38), denn die Dunkelheit wird dir gelten wie das Licht, die Armut in deinem Herzen wie der Reichtum, die Blöße wie die Fülle, ja der Wille Gottes wird dein ganzes Leben werden, so dass du mit deinem ICH nicht mehr leben wirst, sondern Christus allein in dir (Gal. 2,20).

Dieses Geheimnis wird dir und mir der Herr selbst in diesem inneren Wege durch die Erfahrung klar machen. Ich achte es also für das Gegenwärtige noch nicht dienlich (nach dem Licht, das mir Gott gegeben), dir mehr von dem zukünftigen dritten Grad des Glaubens, der ohne alle Stütze bleibt, zu sagen, indem es dir mehr schaden als nützen könnte. Es ist besser, dass wir durch die Erfahrung selbst aus einem Grad des Glaubens in den andern, oder wie Paulus sagt, aus Glauben in Glauben gehen, denn im dunklen, bloßen Glauben, als im dritten Grade des Heilswegs, müssen wir gar vom Glauben leben (Hebr. 10; Röm. 1,17), worin wir aber aus dem Grunde gereinigt und mit Gott innigst vereinigt werden, wo dann die Seele nicht mehr eine Braut, sondern eine Ehegattin des Heilandes sein wird. Darum heißt es: Selig sind, die zum Abendmahl der Hochzeit des Lammes berufen sind (Offb. 19,9)!

Selig sind die teilhaben an der ersten Auferstehung! und nochmals: Selig sind, die reinen Herzens sind, denn sie werden Gott schauen (Mt. 5,8)! Amen.

Darum werde Jesus unser Alles, dir und deinem verbundenen Bruder, der sich deiner Fürbitte anempfiehlt, und sich mit seinem Wahrspruch unterschreibt (1. Thess. 5,2): Ich liebe die Gerechtigkeit Gottes.

Anhang

Mein lieber Bruder !

Du wirst dich wohl daran nicht stoßen, dass meine Briefe nicht nach akademischer Art der menschlichen Weisheit in der Vernunft, sondern nach der geheimen, göttlichen Weisheit in der Erfahrung selbst (Ps. 51) abgefasst und gegründet sind, sonderlich dieser zweite Brief, dessen untrügliche Wahrheit man nicht anders als allein durch die innerliche Salbung in der Schule des Geistes Gottes selbst, der uns allein in alle Wahrheit leitet (Joh. 16,13; 1. Joh. 2,27), studieren, erfahren und begreifen kann.

Ich habe in diesen zwei Briefen von dreierlei Glauben geredet, wovon ich es nun noch für nötig erachte, vermöge dieser kleinen Nachschrift eine kurze Erklärung beizufügen. Denn ob zwar nur e i n   seligmachender Glaube ist, so muss derselbe doch nach der Erfahrung aller in den geheimen Wegen Gottes geübten und geförderten Seelen in seiner Wirkung und in seinem Wachstum unterschieden werden, nämlich in einen Lichtsglauben im ersten, in einen schmackhaften Glauben im zweiten und in den bloßen, dunklen Glauben im dritten Grad des Heilswegs.

Der Lichtsglaube wird darum so genannt, weil er noch im Verstande seinen Sitz hat, und nach dem Lichte der Vernunft wirksam ist, welcher Glaube daher auch nur durch Mittel sich zu Gott naht, und Ihn als im Bild betrachtet und anbetet. Es ist der schwache Thomasglaube (Joh. 20), da man durch das Licht des Verstandes alles eher sehen und nach der Vernunft prüfen und begreifen muss, bevor man der Wahrheit glaubt.

Dieser Glaube aber versenkt sich nachher tiefer ins Inwendige und geht vom Bildlichen und Mittelbaren zum Unbildlichen und Unmittelbaren, nämlich zur Gottheit Christi, wo die Seele den salbungsvollen Zug (Hohel. 1) oder den liebevollen Frieden und die Freundlichkeit Gottes schmeckt (Ps. 34,9), wozu die Vermögenheiten der Seele sich hinneigen. Daher wird der Glaube in diesem zweiten Grad nicht mehr Lichtsglaube, sondern der schmackhafte Glaube genannt. Denn obschon der Verstand oder die Vernunft solche geistliche Sachen im Inwendigen nicht sieht, fasst noch begreift (1. Kor. 2,14), so ist dennoch der Seele dieser geistliche und himmlische Geschmack (welcher nicht durch die Sinne hereinkommt, sondern von Gott selbst dem Geiste inwendig und unmittelbar mitgeteilt wird) zur kräftigen Stärkung, und sie empfindet und schmeckt denselben in sich mit dem Munde ihres Willens so süß und angenehm, dass sie ihn allerdings für etwas Göttliches, Wahrhaftiges und sehr Vortreffliches halten muss. Denn gleich wie ein Blinder von einer nahrhaften und vortrefflichen Speise, die er schmeckt, besser urteilen kann als ein Sehender, der sie nur betrachtet und nicht schmeckt, so ist solch ein Unterschied zwischen dem Verstand und dem Willen oder dem Lichtsglauben und dem schmackhaften Glauben.

Wenn nun Gott durch diesen inwendigen Geschmack oder salbungsvollen Zug die Seele mit allen ihren Vermögen an sich gezogen, so teilt der liebe Heiland sich der Seele selbst mit und nimmt sowohl den Verstand als den Willen ein, wodurch dann der Verstand verdunkelt und seines übrigen schwachen Lichtes und der Deutlichkeit beraubt, und die Vernunft gefangengenommen und ganz blind gemacht wird. Daneben wird dem Willen alles in eigener Anmaßung besessene Gefühl, Empfindung und Geschmack im Innern genommen, so dass die Seele im Verstande in Dunkelheit und im Willen in einer Blöße sich befindet; daher dann dieser Glaube genannt wird der dunkle und bloße Glaube. Denn weil Gott sich selbst uns in diesem Glauben schenkt, und sich mit der Seele vereinigt (mithin also den Platz im Verstande, Willen und Gedächtnis einnimmt, die Er verwandelt in Glaube, Liebe und Hoffnung), so wird das schwache Licht unseres eingeschränkten Verstandes durch sein unendlich großes, helles Licht verdunkelt, so wie die Sonne das schwache Licht des Mondes verdunkelt. Und wie aber die Sonne alles offenbar darstellt und des Tages durch ihr helles Licht alles zu erkennen und zu unterscheiden gibt, welches des Mondes Licht nicht tun konnte, ebenso offenbart Gott als die Sonne der Gerechtigkeit dasjenige große Elend und die Befleckung des Geistes, die Eigenheit und unser tiefes Verderben in uns. Ja sie gibt uns zu erkennen, dass wir von uns selber alles Böse, Er aber alles Gute sei, und wie alles Gute, das wir besitzen, Ihm zugehöre. Diese große Selbsterkenntnis versenkt nach und nach die Seele in die tiefste Demut und Selbsthass und in die lauterste Liebe Gottes. Aus diesem sehen wir dann, dass der dunkle Glaube das hellste Licht, nämlich Gott selbst in sich fasst.

Nicht weniger aber wird dieser Glaube in diesem dritten Grad des Heilswegs auch ein bloßer Glaube genannt, und dieses betrifft den Willen, welchen Gott ebenfalls einnimmt und denselben nebst dem Gedächtnis entblößt und ausleert. Der inwendige, angenehme, salbungsvolle Zug Gottes, welcher anfänglich im schmackhaften Glauben ergötzend, liebevoll, gefühlig, empfindlich und schmackhaft im Inwendigen wahrgenommen wird, wird immer geistlicher und unempfindlicher, je nachdem die Seele näher in Gott selbst gelangt, so dass am Ende des schmackhaften Glaubens der Zug sehr zart, göttlicher und unempfindlicher, ja fast gar ohne Geschmack wird. Hat nun endlich dieser Zug die

Seele samt ihrem Vermögen, Verstand, Wille und Gedächtnis in Gott selbst gezogen, so hört folglich dieser Zug auf, weil er sein Ende erreicht hat, und alsdann kann sie diesen Zug inwendig nicht mehr fühlen, empfinden, schmecken noch gewahr werden, ebenso wenig wie Gott selbst, der selbst anstatt dieses Zuges, jetzt die Seele in sich aufs allerkräftigste bewirkt und reinigt von aller Eigenheit, um allein in ihr zu leben und sich aufs Genaueste in diesem Glauben mit ihr zu vereinigen (Hos. 2,20).

Da hat dann der Wille der Seele, der sich mit Liebe und Hunger nach Gott so ausstreckte, nun die Ersättigung und Fülle gefunden, die dem Geiste bis hierher mangelte. Folglich hört also auch das Verlangen der Seele auf, weil sie sich mit dem unendlichen Gut angefüllt sieht. Und weil Gott ein Geist ist, so kann die Seele auch ebenso wenig Gott in sich fühlen, als sie ihren eigenen Geist fühlen kann, weswegen Jesaja billig sagt: Wahrlich du bist ein verborgener Gott (Jes. 45,15).

Weil Gott aber auch unbegreiflich, und einer unendlichen Weite, ja einem Abgrund und einem bodenlosen Meer zu vergleichen ist, so verliert sich bei der Seele das Licht und die Endlichkeit des Verstandes, alle Eingeschränktheit und was in die Empfindung fällt, hingegen findet sie sich in einem großen Friedensraum und Weite (aber in Bosheit, ohne Geschmack des Friedens) einversenkt, weil die unendliche Weite, Gott, der Friedenskönig selbst sie einnimmt und erfüllt.

Denn gleichwie die Luft von einer großen Ausbreitung und Leere ist, so verdecken doch die Wolken ihre Blöße und Weite unserem Gesicht, und alsdann ist dieselbe wegen der Wolken gefühlig und drückend. Sobald aber die Wolken von der Sonne und dem Wind zerteilt und auf die Erde gegossen werden, haben wir auch wieder die Weite, die Heiterkeit und Blöße der Luft, nebst dem hellen, erwärmenden Sonnenschein, und dann hört der Druck der Luft wieder auf.

Ebenso nun macht es Gott durch den dunklen, bloßen Glauben, worin Er sich uns mitteilt oder uns in sich einnimmt. Da müssen die Wolken der Gefühle, der Empfindungen und des Geschmacks im Willen, die wir in Eigenheit besitzen, und die nicht Gott selbst sind, sich verlieren nebst allem eigenen Verlangen, Wahl und Willen, damit Er uns mit sich selbst anfüllen kann, und der Wille Gottes allein in der Seele regiere ohne Widerstand.

Darum tue deinen Willensmund weit auf, dass ihn Gott mit sich selbst dereinst füllen möge, und lass dich durch nichts, sowohl was geistlich, noch sinnlich oder zeitlich ist, aufhalten, damit du wie ein freier Vogel dich in die unendlich weite Luft Gottes schwingen und dein Lob- und Danklied zur Ehre Gottes singen mögest! Diese teure Wahrheit lasse der Herr uns aus Gnaden noch in dieser Zeit auf unserer Pilgerbahn erfahren. Ihm allein sei die Ehre in alle Ewigkeit! Amen.

Dritter Brief

In der Gnade Jesu geliebter Bruder!

Du hast Recht, dass nach der bloßen Vernunft die beiden Redensarten der in der geheimen, göttlichen Weisheit erfahrenen Lehrer sich zu widersprechen scheinen, wenn sie in ihren Büchern sagen, dass man in sich selbst eingehen und dass man aus sich selbst ausgehen müsse. Dergleichen sich zu widersprechen scheinende Worte des Geistes Gottes findet man öfters in der Heiligen Schrift, welche die Vernunft nicht begreift, obschon diese verschiedenen Stimmen einem vom göttlichen Geist erleuchteten und in den inneren Wegen erfahrenen Gemüte, das alles an seinen Ort zu setzen weiß, sehr anmutig und vortrefflich vorkommen.

Gemäß deiner Forderung soll ich mich wohl bequemen müssen, nach meinem geringen Licht dir in Kürze von diesen zwei Redensarten etwas zu sagen, obschon ich wegen meiner Unerfahrenheit solches gerne einem andern überließe.

Es wollen die in der göttlichen Weisheit erfahrene Lehrer nicht beide Redensarten für alle und jede begnadigte Seele zugleich verstanden haben, sondern sie machen darin vielmehr einen gar großen und folgenden Unterschied:

Einer anfangs begnadigten, durch Ergreifung des Opfers Christi mit Gott wieder versöhnten Seele geht es an, wenn sie sagen: Ihr müsst in euch selbst einkehren, Gott in eurem Inwendigen, wo Er wohnt, zu suchen. (2. Kor. 6,16; Joh. 14,23).

Dagegen einer in der Gnade weit geförderten Seele, die schon in der Einkehr in sich selbst in ihrem Inwendigen Gott gefunden, die in dieser Übung recht gegründet und deren Sinne dem Geist schon untertänig sind, geht es an, wenn sie sagen: Ihr müsst aus euch selbst ausgehen, um in Gott und seine Vereinigung einzugehen, und in der Einheit mit Ihm ein göttliches Leben zu führen. (Hos. 2,20; Joh. 17,20ff.).

Diese durch Gottes Geist belehrten und erfahrenen Lehrer wollen zu den anfangs begnadigten Seelen mit dem Einkehren in sich selbst eben dasjenige sagen, was der Herr selbst bei Jes. 46,8 sagt: Ihr Übertreter, kehret in euer Herz. Womit Gott gleichsam sagen will: O ihr Seelen, die ihr durch die Sünde von mir abgewichen und abgewandt, meinen Willen und Gebote übertreten und nicht gehorsam, hingegen eurer eigenen in Adam verderbten Willenslust gefolgt und eure Liebe, eure Begierde, ja alle eure Vermögenheiten der Seele geweidet im Geschaffenen und dem, was sinnlich, sichtbar und vergänglich ist, kehret um! Gehet aus von allem diesem, das den Hunger eures ewigen Geistes nicht stillen kann; kehret um, verlasst das Sichtbare und Vergängliche und kehret euch zu mir in euch selbst, mich, das ewige, unsichtbare Wesen, welches allein euren Geist ewig vergnügen und sättigen kann, zu suchen. Sammelt alle eure Vermögenheiten der Seele und kehret sie in euer Herz, um mich allda zu lieben von ganzer Seele und allen Kräften (Mark. 12,30), durch eine gänzliche Aufopferung eurer selbst und Ergebenheit eures freien, widerstrebenden Willens unter meinen göttlichen Willen (Ps. 40,9), und lasst euren Augen meine heilsamen Wege an euch Wohlgefallen (Spr. 23,26).

Der Mensch, der einen ewigen Geist hat, kann nicht anders als nur mit dem, was unsichtbar, unvergänglich und ewig ist, vergnügt und gesättigt werden, und zwar mit Gott selbst, als seinem Ursprung, welcher nach der Ordnung seiner Erschaffung auch der einzige Gegenstand seiner Liebe ist. Da aber der Mensch in Adam durch die Sünde und Übertretung des Willens Gottes ins Äußere und Sichtbare gefallen, so hat er auch den Hunger seines Geistes wollen stillen und seinen Liebesgegenstand gesucht in der Kreatur, in äußeren, sichtbaren und nichtigen Dingen dieser Erde, die aber unmöglich wegen ihrer Vergänglichkeit seinen ewigen, unsterblichen Geist sättigen und vergnügen können.

Ob zwar nun wohl begnadigte Seelen, durch die zuvorkommende Gnade erleuchtet, in ihrem Fortgang immer mehr erkennen, dass Gott allein der Gegenstand ihrer Liebe sein muss, dass Er allein ihren unsterblichen Geist sättigen und beruhigen könne, und dass sie demzufolge auch alle zeitlichen, vergänglichen Dinge ihrer Neigung nach verlassen und ihre Liebe davon abziehen müssen, um ihre Liebe und ganze Lust auf Gott allein zu richten; so wissen sie doch nicht, weil sie so weit von Gott ausgekehrt gewesen, wo sie diesen ihren Liebesgegenstand eigentlich suchen sollen. Und obschon derselbe ihnen in Christo Jesu wiederum so unaussprechlich nahe ist, dass sie ihn nur durch Einkehren in ihr Herz oder in sich selbst so bald finden könnten, so wissen sie doch noch weniger, dass sie ihn allda suchen müssen. Sie kehren daher vielmehr aus und suchen Gott durch allerhand sinnliche Übungen und geistliche Mittel außer sich, über den Wolken und in der Ferne. Und obwohl diese und alle Mittel, so uns zu Gott hinweisen, sehr gut und nötig sind, so vergaffen sich die meisten Seelen doch nur daran und bleiben bei denselben stehen, ohne sich durch dieselben zum Unmittelbaren hinweisen und leiten zu lassen, und sich von ihnen ab zu Gott selbst in ihr Herz einzukehren.

Diesen Seelen also gilt es eigentlich, wenn gesagt wird: Kehret in euch selbst, Gott zu suchen und Ihn allda in eurem Inwendigen mit allen Seelenkräften zu lieben und anzubeten, durch die Schenkung eures ganzen Herzens an Ihn, damit Er aus euch, als Übertreter und

Ungehorsame, dem göttlichen Willen ergebene und gehorsame Gotteskinder machen möge.

Wie nötig ist es demnach für eine begnadigte Seele, die Gott als den einzigen Gegenstand ihrer Liebe sucht und nach seiner Wiedervereinigung verlangt, dass sie angewiesen werde, wie sie Ihn suchen müsse, und wo sie Ihn am allerersten, ja einzig und allein in diesem Leben finden könne, damit sie nicht länger aufs Ungewisse laufen und Luftstreiche machen, und sich nicht in der Mühseligkeit ihrer Wege und Werke lebenslang zerarbeiten möge (Jes. 57,10).

Daher weisen diese in den Wegen Gottes erfahrenen Lehrer alle miteinander, gemäß der Heiligen Schrift, eine Seele auf diesen richtigen Weg, welches der innere Weg ist, den der Herr selbst am angeführten Ort (Jes. 46,8) anweist, dass sie ihren Liebesgegenstand, nämlich Gott, ihren Heiland in sich selbst suchen muss, falls sie Ihn gewiss in diesem Leben finden und sich mit Ihm vereinigen will.

Denn gewiss, da die heilige Dreieinigkeit sich in uns offenbaren, in uns wohnen und das Königreich Gottes in uns inwendig aufrichten will, wie Jesus selbst bezeugt (Joh. 14,23; Luk. 17,21), da wir Gottes Tempel sind, worin sein Geist in uns wohnt (1. Kor. 3,16), da Christus in uns die Hoffnung der Herrlichkeit und der herrliche Reichtum ist (Kol. 1,27), welcher als der helle Morgenstern in unseren Herzen aufgehen will (2. Petr. 1,19), und der uns als die wahre Salbung durch seinen göttlichen Geist alles lehrt (Joh. 16,13; 1. Joh. 2,20;27), so folgt ja daraus, dass wir Ihn auch in uns selbst in unserem Inwendigen durch eine stille Einkehr zu Ihm in unser Herz mit allem unserem Seelenvermögen suchen müssen.

Und da wird es uns auch gewisslich nicht fehlen (so wir durch diese Liebeseinkehr Ihn in uns selbst aus allen Kräften und reiner Liebe suchen), dass Er sich nicht inwendig uns offenbaren, sich von uns finden lassen und mit uns auf ewig vereinigen sollte (Hos. 2,20).

Dieses Einkehren in uns selbst zu Gott mit allem unserem Seelenvermögen ist das wahre Zunahen und Suchen Gottes, dem dann auch Gott mit seiner Nähe inwendig begegnet (Jak. 4,8) und sich von uns finden lässt. Es ist ein Öffnen der Tür unseres Herzens (Offb. 3,20), dem holdseligen Friedenskönig Jesu Christo, der der Seele innerlich mit dem Geschmack der liebevollen Salbung erscheinen und seinen Frieden mitteilen wird (Joh. 20), wovon sie inwendig eine himmlische Wollust schmeckt, voller Seelenruhe, Friede und Liebe, und welche sie antreibt, sich von aller Sünde, von allen bösen Lüsten und unordentlichen Begierden zu enthalten, welches Paulus ein Kreuzigen nennt (Gal. 5,24).

Nicht weniger zieht der Herr die Seele durch diese Salbung ab von aller Liebe der Kreatur, der Welt und alledem, was sichtbar ist, so dass sie daran einen ganzen Ekel bekommt, und williglich absagt der Welt und allem, was darinnen ist und zur Welt gehört. Denn sie erfährt, dass man nicht zugleich zwei Herren dienen kann (Mt. 6,24), und dass der Welt Freundschaft Gottes Feindschaft ist (Jak. 4,4).

Dieser Zug der fried- und liebevollen Salbung lehrt und unterweist die Seele in allem Guten, sich in den Tugenden zu üben, von allem abzustehen, was dem Herrn an ihr missfällig ist, und seinem geheimen Wink folgsam zu sein. Dabei ziert Er sie aus mit vielen Gnadengeschenken, und gibt ihr eine schöne Gestalt, und zwar so, dass der himmlische Bräutigam sie selbst für schön hält (Hohel. 4,7). Zudem wird die Seele unmittelbar durch die Salbung belehrt, und es wird ihr ein reiches Maß der Erkenntnis tiefer und verborgener Wahrheiten geschenkt (1. Joh. 2,27).

Endlich zieht dieser innerliche, salbungsvolle Zug die Seele ganz aus ihrer sinnlichen Beschäftigung, aus ihren mannigfaltigen Übungen und Wirksamkeiten, und erhebt den Geist über die Sinne, so dass sie anfängt im Geist zu wandeln, ja Gott im Geist und in der Wahrheit zu dienen und anzubeten (Joh. 4,24), wodurch sie demnach zur wahren Stille und Einfalt gelangt, und zu einem steten Liebesanhangen in ihrem inneren Grunde an Gott, den sie in sich wahrnimmt in Friede und Liebe.

Folglich besteht in dieser Einkehr in sich selbst Verleugnung und Gebet. Das Abkehren und Entsagen unserer Liebe, Lust und Begierde von demjenigen, was unseren Geist hindert und beschwert, und welches Gott missfällt, solches ist eine Verleugnung. Das Zukehren hingegen zu Gott mit unserer Liebe, Lust und Begierde, ja mit allen Kräften unserer Seele in uns selbst, Ihn zu suchen, unser Herz Ihm darzustellen, offen zu legen und inwendig vor Ihm in der Stille zu bleiben, in gänzlicher Übergabe an seinen heiligen Willen, solches ist das wahre, gottgefällige Gebet, und zwar des Herzens, im Geist und in der Wahrheit.

Damit aber eine Seele, die sich zu diesem inneren Gebet (das nur im Lieben besteht) begibt, nicht durch äußere Sachen oder Unruhen gestört werden möge, so flieht sie zu dieser Zeit zur Einsamkeit. Und wenn sie darin ist, so glaubt sie, dass Gott in ihr gegenwärtig ist, wo sie dann voller Ehrfurcht sich in sich selbst zu Gott einkehrt und sich allen fremden Gedanken, die sie stören könnten, entschlägt. Sie kehrt sich dann mit ihrem Verstand, Willen und Gedächtnis durch eine gänzliche Sammlung und Vergessung alles Geschaffenen inwendig zu Gott in ihr Herz, und bleibt da im Glauben, dass ihr der Herr gegenwärtig sei (ob sie Ihn schon nicht fühlen noch empfinden kann), vor Gott mit einer verliebten Aufmerksamkeit auf Ihn, in Ruhe und Stille, solange sie nur immer kann, wenn es auch nur eine halbe Stunde ist. Und obschon die Seele anfänglich einige Tage von der inneren Salbung der göttlichen Gegenwart in Liebe und Friede auch nichts gewahr werden möchte, so wird sie solche nachher doch desto kräftiger in sich erfahren, wenn sie sich nur dieser innerlichen Gebetsübung, die im Anfang wegen ihrer unruhigen Gedanken und starken Sinnlichkeit ihr noch sehr zerstreuend und mühsam fallen könnte, nicht wieder entzieht.

Sie muss sich dann anfänglich ein wenig Gewalt antun, um ihre Gedanken und Sinne, wenn sie ausschweifen, wieder zurückzuziehen ins Inwendige, um solche allda in ihr zu sammeln und sich stille zu ihrem Herzen bei Gott zu halten, um zu ruhen von allem ihrem mannigfaltigen Wirken, wie es der Herr bei Jesaja (57,10) befiehlt. Ihr ganzes Geschäft in dieser inneren Einsammlung muss sein, im Glauben (der uns Gott unbegreiflich und ohne Bild vorstellt) an Gott zu gedenken, Ihm inwendig mit Liebesneigungen anzuhangen, und vor Ihm zu bleiben in Ruhe und Stille.

Diese Liebesneigungen oder das Gottlieben und Ihm ruhig unterworfen bleiben, schließt nicht allein, wie schon gesagt, Gebet und Verleugnung, sondern auch alle Wirksamkeit gegen Gott in sich, und ist selbst die alleredelste und vortrefflichste Wirksamkeit, so von der Seele je verrichtet werden kann; daher sie von Paulus die größte unter allen Tugenden und das Band der Vollkommenheit genannt wird (Kol. 3,14). Nicht dass dieses Lieben in Worten besteht, sondern wie Johannes sagt, in der Tat und Wahrheit (1. Joh. 3,18).

Der allwissende Gott, welcher in der Seele den Grund des Herzens erforscht, und ihre Nieren prüft (Ps. 139,23), hat keine Worte noch Gedanken nötig. Er sieht das Herz an (1. Sam. 16,7). Daher braucht die Seele während der Einsammlung ihrer Seelenvermögen in sich selbst bei Gott keine Worte hervorzubringen, um Ihm ihre Liebe, die sie zu Ihm hat, zu bezeugen oder Ihn um etwas zu bitten, das ihr nötig zu sein dünkt; denn Gott kennt die Größe ihrer Liebe und weiß besser, was ihr dienlich ist, als sie es selbst weiß und Ihm sagen kann.

Also ist es überflüssig, falls die Seele mit Leichtigkeit keine Worte machen kann, um solche in dieser ruhigen Sammlung vorzubringen. Ein anderes aber ist es, wenn die Liebeswollust bei ihr öfters inwendig so groß wird, dass das Herz von Liebe gleichsam überfließt, und sie brünstig wird, da alsdann, nebst den Liebes-Seufzern, die innerlich in der Seele von Gott erweckt werden, der Mund auch Liebesworte ausspricht. Dann mag ihr Mund nur frei in Worten ausbrechen, weil solche innerlich ohne vorhergehende Überlegung und Nachdenken aus der Seele gleichsam herausquellen, wie es der liebenden Maria Magdalena bei dem Grabe Christi widerfuhr, deren Worte zum vermeintlichen Gärtner ohne Überlegung, durch das Feuer der Liebe, herauskamen (Joh. 20,14).

Sonst reden wir hier von einer Seele, die sich innerlich in einer stillen, friedsamen Salbung befindet, und diese Seele braucht sich nicht anzustrengen, um in dieser innerlichen Einkehr Liebesworte gegen Gott zu machen, vielmehr lasse sie ihrer Worte vor Gottes hoher Majestät wenig sein, selbst wenn sie mit Leichtigkeit zu Gott reden kann (Pred. 5,1), gedenkend, dass sie nur Staub und Asche ist (1. Mose 18). Denn weil nur das Herz liebt und nicht der Mund, so sieht der Herr auch nur auf diese Liebestat des Herzens (1. Sam. 16,7), die in der Wahrheit besteht, und solche innerliche Anbeter im Geist will Er haben (Joh. 4,23).

Unser Mund kann zwar viel von Liebe schwätzen, da im Gegenteil wenig Liebe im Herzen gegen Gott vorhanden ist. Darum beklagt sich auch der Herr so über solche, die Ihn nur ehren mit ihren Lippen, und deren Herz ferne von Ihm ist (Mark. 7,6). Die Liebe zeigt sich in der Verleugnung, welches die unausbleibliche Frucht ist. Denn je größer die Liebe gegen Gott ist, desto größer ist auch die Verleugnung seiner selbst und alles dessen, was Gott nicht selbst ist, und umso größer ist auch die Überlassung an Ihn. Und also besteht diese Liebe, wie Johannes sagt, nicht in Worten, sondern in der Tat.

Es wird nicht schwer zu beweisen sein, dass in diesem Gebet der innerlichen Einkehr, wenn die Seele sich mit der erquicklichen und angenehmen Salbung des inneren Friedens und der Liebe eingenommen befindet, die Worte, so man alsdann nur in den Gedanken und ohne dass man sie ausspricht, mit Überlegung macht, den Seelen schädlich sind, und meist aus Unglauben entstehen und Gott vorgebracht werden. Ja, aus Unglauben entstehen sie, denn man glaubt nicht, dass man mit Gott beschäftigt sei, und in diesem Stillschweigen der innerlichen Einkehr, wenn man mit allen Seelenkräften in sich selbst gesammelt ist, etwas täte. Man glaubt vielmehr, dass man in derselben ganz müßig wäre, und dass der Herr unseren Gemütszustand, unsere Not, unsere Bedürfnisse und Begehren nicht wüsste, wenn wir es Ihm nicht mit Worten sagten.

Aber wie sollte der Allwissende, der unsere Gedanken von ferne sieht (Ps. 139,2), und der uns inwendig so nahe ist, nicht wissen, was uns fehlt, was uns nötig ist, und wie uns am besten zu helfen sei? Bezeugt denn nicht der liebe Heiland ausdrücklich: Der Vater weiß, was ihr bedürft, ehe ihr ihn darum bittet (Mt. 6,32)?

Daneben sagt Ihm die Darstellung unseres Herzens vor Ihm innerlich und nach der Wahrheit in einem Augenblick mehr von unserer Not und Bedürfnis, als unser

Mund in einer ganzen Stunde tun könnte, zu geschweigen, dass wir selbst nicht wissen können, was uns für diese Zeit nötig und nützlich ist. Wir wissen nicht, wie und wodurch uns am besten geholfen werden kann, weil wir selbst unsere Not und unseren Schaden nicht kennen. Denn unser Schaden sitzt ja nicht außer uns, um solchen erkennen und sehen zu können, sondern er sitzt in uns, und unser göttlicher Arzt ist ebenfalls in uns, der also unser Herz, unseren Schaden und unser Elend allein und besser kennt (1. Kön. 8,39), als wir Ihm denselben sagen und erzählen können. Er allein weiß also auch am besten, wie und wodurch Er denselben heilen muss, da ja nicht alle Schäden auf die gleiche Weise geheilt werden können.

Daher haben wir nichts mehr zu tun, als Ihm unser Herz zu öffnen, Ihm solches zu übergeben und diesem göttlichen, holdseligen Arzt stillzuhalten, ja uns Ihm gänzlich zu unterwerfen und seine Kur in uns zu leiden.

Weiter glaubt man, dass wenn man in stiller Ruhe und ohne Worte inwendig vor Gott gesammelt ist, man alsdann nicht mit Gott beschäftigt, sondern müßig wäre und nichts täte. Dem ist aber nicht so, da die Seele freilich etwas tut. Denn nicht zu gedenken, dass sie alle Versuchungen ihres Fleisches und Blutes und des Satans erträgt und denselben ausweicht, daneben ihren Willen stets nach Gott hält, und die Gedanken vor allen Zerstreuungen zu hüten sucht, so tut sie da noch das alleredelste Werk, weil sie da inwendig mit ihrem ganzen Herzen und allen Seelenkräften (Mark. 12,30) stets im Lieben, in der Unterwerfung unter den göttlichen Willen und Aufopferung ihrer selbst vor Gott begriffen, welches ja, wie schon erwähnt, die vortrefflichste Wirksamkeit und Ausübung der größten Tugend ist (1. Kor. 13,13); ja es ist die Beschäftigung des Menschen im Stande der Unschuld, wohin die Seele wieder soll geführt werden. Gott zu lieben von ganzem Herzen und sich in allem seinem heiligen Willen unterwerfen, das ist alles, was Gott von uns fordert. Die Seele kann kein größeres Geschäft ausüben, und darin besteht das ganze Gebet und Verleugnung seiner selbst.

Doch lasst uns noch ein wenig ausführlicher beweisen, dass, wenn die Seele mit allen ihren Kräften, Wille, Verstand und Gedächtnis sich inwendig in Ruhe eingesammelt befindet, und in dieser inneren, friedsamen Salbung sich gleichsam in den Armen ihres Bräutigams (Hohel. 2,6-7) im Frieden schlafend niedergelegt (Ps. 3,6; 4,9), dass sage ich, alle äußerliche und sinnliche Wirksamkeit dieser Seele schädlich ist. Dazu gehören auch die Worte, die man mit Überlegung macht, da ja dabei der Verstand und die Gedanken notwendig wirksam sein müssen. Denn wenn nun die Gedanken nebst dem Verstand und Willen, wie gesagt, sich inwendig gesammelt befinden, und der Herr die Vermögenheiten der Seele vermittelst des kräftigen Zugs seiner wohlriechenden Salbe (um dieselben zu bewirken und zu heiligen) an sich gezogen, reißt man dieselben dann nicht von Gott ab, und kehrt sich damit aus in die Sinne zum Verstand, um Worte zu formen? Kehren wir uns dann damit nicht in unser Eigenes zu uns selbst, und folgen unserer betrügerischen Vernunft? Entziehen wir uns nicht dadurch der stillen und ruhigen Wirkung Gottes, und machen derselben einen Aufenthalt, da sonst das stille, sanfte und ruhige Wesen Gottes, in dem inneren Stillebleiben vor Ihm, uns ungehindert bewirken, erleuchten und heiligen würde, so wir nur im Glauben bloß an Ihn liebend gedenken, auf Ihn innerlich merken und bei Ihm eingesammelt bleiben würden, in Ruhe, Liebe, Friede, Einfalt, Gelassenheit und vollem Vertrauen auf Ihn?

Nun aber entweichen wir diesem und verlieren den inneren Frieden. Wir setzen uns in Mannigfaltigkeit, Zerstreuung, Zweifel, Unruhe, Beklemmung und Dunkelheit nach dem Inwendigen, wodurch es also geschieht, dass wir dem Seelenfeinde einen Weg uns öffnen, seine Versuchspfeile auf uns loszuschießen, der ohnedies sein Äußerstes tut, uns während der innerlichen Einsammlung bei Gott zu stören, in unserer Sinnlichkeit uns zu beunruhigen, und durch unsere Vernunft bei uns Zweifel zu erwecken, um uns aus unserem Inwendigen herauszulocken, und von Gott abzuziehen. Denn ihm ist bewusst, dass er einer Seele, die in sich selbst gekehrt und zu Gott gesammelt ist, gar nichts antun kann, und dass der Herr in einer solchen Seele sein großes, göttliches Werk wirkt, da der Feind nicht beikommen, noch viel weniger solches mit seinem Unkraut verderben kann. Er kann nicht weiter kommen, als bis in die Sinne, und das Gute darin vergiften.

Wenn er aber die Seele durch die Vernunft beunruhigen und in Unglauben setzen kann, dass sie sich wieder zu ihrer Sinnlichkeit wendet, um durch Überlegung Worte zu formen, damit sie sich vermannigfaltige und zerstreue, alsdann kann er das große Werk Gottes in ihr verhindern. Er kann ihr durch seine Versuchungen beikommen, und zu ihrer Sinnlichkeit freien Eingang erlangen. Denn wenn er dieser innerlich eingesammelten Seele, wie gesagt, mit seinen Pfeilen sonst nicht beikommen kann, so erdenkt er eine List und sucht sich in einen Engel des Lichts zu verstellen (2. Kor. 11,14). Da treibt er sie gar an, in ihren Sinnen Gutes zu wirken, mit Lesen, Singen, mündlichem Beten und Betrachtungen anstellen usw., damit er sie nur inwendig von Gott zurückziehen, aus ihrem Frieden und der Seelenruhe, die Gott seinem Volk schenkt (Hebr. 4,1-11), versetzen und das herrliche Werk Gottes in ihr aufhalten und kränken könne. Dieses ist dann die Frucht, die wir aus unserem eigenen selbsterwählten Wirken erlangen, das aus Eigenliebe und Unglauben entsteht! Solchen schlechten Preis erhalten mir in dieser Herzenseinkehr durch unsere Überlegungen und geformten Worte, darin wir uns noch anstrengen müssen, um solche hervorzubringen.

Es ist deshalb am besten, und für eine in sich selbst eingekehrte Seele sehr notwendig, dass sie während dem Herzensgebet, wenn sie sich im Frieden bei Gott mit allen ihren Seelenkräften gesammelt findet, sich ruhig, im Stillschweigen, mit liebreicher Aufmerksamkeit und Demut vor Gott gelassen und seinem Wohlgefallen übergeben hält. Denn der Herr ist alsdann in ihr nahe mit seiner liebreichen, friedensvollen Gegenwart, und sie beschäftigt sich alsdann geziemend vor Ihm und gegen Ihn durch die Darstellung ihres Herzens in einem ehrfurchtsvollen Stillschweigen.

O seliges Anbeten und seliges Schweigen! Da lobt man dich, o Gott, mit allen Heiligen, in der Stille zu Zion (Ps. 65,2)! Da ist der Herr in seinem heiligen Tempel, so sei denn alles vor Ihm stille (Hab. 3,20)!

Dieses Stillesein übte der Mann Gottes David aus, wenn er sagt: Ich will hören, d.h. stille bleiben vor Gott, um annehmen zu können den Frieden, den der Herr in mir reden oder wirken wird (Ps. 85,9).

Es muss also die Seele während ihrer Einkehr in sich selbst, wenn sie sich in diesem Frieden eingesammelt findet, nicht außer sich wirksam sein wollen, wenn es auch in sonst sehr guten und geistlichen Dingen, als Lesen, Singen oder verständlichem Gebet usw. wäre, weil sie alsdann eine Untreue und Unehre gegen Gott begehen, und sich mithin von der Quelle in sich zum Kanal außer sich wenden würde. Dadurch würde sie nur ihren innerlichen Frieden verlieren, und die kräftige Wirkung Gottes in sich aufhalten.

Sie muss demnach erstens ihre öfters des Tages angesetzten Gebetszeiten und Absonderungen nicht versäumen, und wenn sie etwa daran verhindert wird, solche nachher wieder nachholen.

Zum andern muss sie darin treulich in der Einkehr in sich selbst vor Gott im Stillschweigen aushalten, es müsste denn sein, dass der Herr sie selbst innerlich antriebe, mündlich zu beten. Da wird sie dann ebenso leicht wie die Anfänger in der Gnade, die noch erst in das Innere eingehen, mündlich beten können. Im allgemeinen aber muss eine vor Gott im inneren Frieden gesammelte Seele sich nicht anstrengen, solches zu tun.

Zum dritten muss die Seele Gott treulich folgen, wenn sie sich öfters außer ihrer gesetzten Gebetszeit (entweder unter ihren Geschäften oder in Gesellschaften) kräftig zur Einsamkeit, zum Gebet sich zu begeben und zum Einkehren in sich selbst gezogen findet. Alsdann will sie Gott inwendig besuchen und ihr ans Herz reden (Hos. 2,14), da sie dann im Stillschweigen mit Darstellung ihres Herzens in Demut und Wahrheit vor Ihm eingekehrt bleiben soll. An dieser Wahrheit, die im Verborgenen ist, welche Gott allein ansieht, hat der Herr seine Lust, wie David sagt in Psalm 51,8. Und weil wir selbst die meiste Zeit nicht wissen, was uns nützlich und nötig ist, wie uns geholfen werden muss, was wir bitten sollen, und wie es sich vor einer so hohen Majestät gebührt, so ist es nach Pauli Zeugnis ja am allerbesten, dass wir uns durch den Geist selbst bei Gott mit unaussprechlichem Seufzen vertreten lassen (Röm. 8,26), dessen Sinn Gott allein kennt und versteht, und wir also im Stillschweigen vor seiner Majestät in Liebe, Ehrfurcht und Frieden ganz gelassen in uns eingesammelt bleiben.

Dieses ist nun das wahre Einkehren in sich selbst, so von den erfahrenen Gottesgelehrten auch wohl das Zunahen zu Gott in seinen Seelengrund, die innerliche Einsammlung, das Herzensgebet, wie auch das Einversenken in sein Herz genannt wird; oder wie unser Heiland sagt, das Gebet im Geist und in der Wahrheit (Joh. 4,24), und welches Paulus das Gebet im Geist nennt, so aber alles eins und eben dasselbe ist.

Zu dieser innerlichen Beschäftigung des Herzens mit Gott ruft und lockt der Herr die anfangs begnadigten Seelen schon von Anfang ihrer Bekehrung an, denn Er fängt sein erstes Werk bei ihrem Herzen und in ihnen an. Anstatt aber dass diese Seelen sich zu demjenigen und zu dessen Hand wenden sollten, den sie in sich selbst, in ihrem Innern allein und am ersten finden könnten, und der sie da an ihrem Herzen angegriffen, so kehren sie sich vielmehr von Ihm ab und hinaus ins Äußere, ins Sinnliche und Verständliche. Sie suchen Gott nur außer sich, durch Betrachtungen in den Geschöpfen, und beten Ihn an im Bilde, bloß nach seiner Menschheit, als hangend am Kreuz, oder hoch im Himmel auf dem Thron usw., da sie Ihm dann mit Worten und lauter Stimme, als einem der in der Ferne ist, zurufen und ihre Gedanken zu Ihm erheben. Und wenn solche Seelen auch sagen, dass sie sich Gott als allenthalben gegenwärtig vorstellen, wie Er auch in der Tat nach seiner Gottheit, nicht aber nach seiner Menschheit ist, so verunehren sie Ihn doch damit, dass sie sich ein Bild von Ihm in den Gedanken fassen, welches Er (2. Mose 20) verboten hat. Denn da Er nach seiner Gottheit unbildlich ist, so folgt ja daraus, dass sie auf solche Weise das Bild, das sie sich von Ihm gemacht haben, anbeten.

Aber alles dieses Suchen und Bestreben außer sich selbst ist umsonst. Man kann Gott dadurch nicht finden; denn durch diesen Weg und Beschäftigung ihrer

Sinnlichkeit kann Gott den Seelen nimmer bekannt werden, viel weniger, dass sie mit Ihm, der doch in uns wohnen will (2. Kor. 6,16), vereinigt werden könnten. Ja die Erfahrung lehrt, dass zuletzt nach wenigen Jahren, diese den Sinnen ergebenen Seelen, falls sie nicht in ihr Inwendiges, d.h. in sich selbst eingehen, Gott allda zu suchen, ihr Samenkörnlein oder Sprössling der Gnade, weil es keine Wurzeln hat, bei ihnen erstickt und verdorrt (Mt. 13,22).

Es kann die Seele zwar wohl durch die Mittel und Kreaturen zu Gott geleitet werden, auch hat der Schöpfer einige Fußstapfen seiner Vollkommenheit in den geringen Geschöpfen hinterlassen. Er selbst aber ist wesentlich in keinem unter allen sichtbaren Geschöpfen, als nur allein in dem Menschen anzutreffen. Alle anderen sichtbaren Geschöpfe hat Er übergangen, in dem letzteren aber, welcher der Mensch ist, hat Er allein seine Wohnung genommen und ihn zu seiner Lust erwählt (Spr. 8,31). Daher kann nun ein jeder Begnadigte seinen Schöpfer (der auch nun wieder sein Erlöser ist), in sich selbst am ersten und leichtesten wieder finden.

Weil wir aber als Übertreter des Willens Gottes und Abweicher von unserem Schöpfer so sehr ins Äußere, Mannigfaltige und Sinnliche gefallen, haben wir sogar den Weg, um wieder zu Gott zu gelangen, weit aus unseren Augen verloren. Daher kostet es den Herrn gar viele Arbeit, uns wieder auf den rechten Weg zu Ihm und zur wahren Einfalt zu bringen, und uns zu einem stillen und sanften Geist zu machen (2. Petr. 3,4). Deswegen hat es seine Weisheit gut gefunden (weil wir nämlich so äußerlich und sinnlich geworden), uns geistliche Mittel zu verordnen und Wegweiser zu geben, die auch äußerlich und sinnlich sind, welche uns wieder auf den rechten Weg zu Ihm, dem unmittelbaren und unsichtbaren Gott hinweisen. Wir irrten aber und fehlten wieder aufs Neue, wenn wir bei diesen Mitteln und Wegweisern, welche alle von sich ab und auf Gott, als ihr Ziel und Ursprung, hinweisen, stehen blieben und nicht durch sie zu Gott selbst hingingen. Wir verstehen unter solchen Mitteln und Wegweisern alle Geschöpfe in der Natur, die uns alle, wenn wir sie betrachten, zu ihrem Schöpfer hinweisen. Ferner die geistlichen Bücher, die wir lesen, die erbaulichen Predigten und Gespräche, die wir hören, wie auch die geistlichen Gesänge, die wir singen usw. Alle diese Mittel weisen uns zu ihrem Ursprung, zu Gott, dem Unmittelbaren, um denselben in unserem Inwendigen zu suchen (Kol. 1,27).

Wenn wir nun diesen Wegweisern und Mitteln einfältig folgen wollen, so müssen wir es auf folgende Weise anfangen. Wenn wir die Mittel gebrauchen, oder auch währendem wir sie brauchen, müssen wir uns für eine kurze Zeit von ihnen abkehren, und uns in der Stille inwendig zu Gott selbst sammeln, und in Liebe und Glauben allda vor Ihm bleiben, während wir die Mittel solange auf die Seite legen. Und das heißt dann aufsteigen von den Sinnen zum Geist, vom Mittelbaren, Sichtbaren und vom Geschöpf zum Unmittelbaren, Unsichtbaren und zum Schöpfer selbst.

Nehmen wir an, ich betrachte das große Weltlicht, die Sonne, die als ein wahres, natürliches Bild von Gott, der Sonne der Gerechtigkeit, angesehen werden kann. Ich betrachte diese Sonne in ihrer fruchtbringenden Wirkung, in ihren Eigenschaften, dem Licht, der Wärme, dem Lauf und der Größe usw. Nun muss ich die Anwendung auf Gott machen, der sich also meiner Seele inwendig darstellt, wie die natürliche Sonne der sichtbaren Welt. Nachdem ich dieses nun ganz kurz betrachtet habe, muss ich mein Gesicht und meine Gedanken von der natürlichen Sonne abwenden, solche vergessen, hingegen meinen Willen, meinen Verstand und mein Gedächtnis sammeln, und solche still und liebreich in mir selbst zu Gott in mein Herz kehren, um Ihn, die Sonne meiner Seele, zu beschauen, und allda eine Zeitlang im Stillschweigen vor Ihm eingekehrt zu bleiben, damit ich von dieser göttlichen Sonne in allem Guten fruchtbar gemacht, von ihr erleuchtet, erwärmt und gereinigt werden möge. Und wahrlich, auf diese Weise haben wir es allezeit bei dem Gebrauch aller Mittel und Anleitungen zu machen, wenn wir anders nicht auf eine klägliche Weise zu spät einsehen und erfahren wollen, dass wir den rechten Weg und Zweck, wohin uns dieselben weisen und wozu sie uns gegeben, verfehlt haben.

So lasst uns denn unter unserem Singen, Lesen, Predigthören usw., auch wider Willen und Dank unserer selbstklugen und geschäftigen Vernunft und Sinnen (welchen es wohl verdrießlich fallen mag, dass ich dieses noch einmal wiederhole), nur getrost allemal ein Viertelstündchen innehalten und in uns selbst zu Gott kehren, um da im Glauben und Ruhe liebreich auf Ihn zu merken und zu schauen, damit wir die Kraft desjenigen, was wir Erbauliches gelesen, gehört und gesungen haben, in uns recht empfangen und teilhaftig werden mögen.

Auf eine besondere Weise aber ist dieses Betragen nötig und vortrefflich in unserem Gebet zu Gott, wodurch wir Ihn bald finden werden, nämlich, sobald wir unser Anliegen durch Worte und verständliche Gedanken dem Herrn vortragen, wir alsdann alles suchen zu vergessen und mit gesammeltem Seelenvermögen, Verstand, Wille und Gedächtnis uns ganz in uns selbst zu Gott einkehren, um im Stillschweigen und liebreich auf Ihn zu schauen, eine geraume Zeit ruhig vor Ihm allda gesammelt zu bleiben und inwendig zu hören, was der

Herr in uns reden und uns antworten möge auf unsere Bitte (Hab. 2,1), auf dass wir in unseren Herzen die Frucht des Gebets empfangen und annehmen können.

O, wenn die Seelen in allen ihren Übungen sich so treulich gegen Gott verhielten, und sich so beschäftigen würden, so würde es nicht lange anstehen, und der Herr würde unfehlbar seinen göttlichen Frieden in ihnen reden oder wirken (Ps. 85,9; Joh. 20,21), der sie salben würde mit unaussprechlicher, innerlicher Ergötzung, Liebe und Geschmack, und zwar mehr oder weniger, je nachdem eine Seele schwach oder bedürftig wäre. Wie würden da besonders die Seelen, die es sich im Anfang dieser inneren Übung so sauer haben werden lassen, mit aller Leichtigkeit und größter Lust sich je mehr je lieber in sich selbst zu Gott einkehren, angetrieben und kräftig gezogen durch diesen salbungsvollen, friedsamen, göttlichen Liebeszug (Hohel. 1,3). Alsdann entfallen der Seele auch alle Worte im Gebet, die sie nicht mehr ohne Anstrengung tun kann, und sie geht immer mehr und mehr ein in die Einfalt, Liebe und Stille, und in einen genauen Umgang und Gemeinschaft mit Gott, den sie in sich selbst finden wird. In Ihm findet sie die wahre Ruhe ihrer Seele, die völlige Ersättigung ihrer Begierden, die vollkommene Zufriedenheit ihres Geistes, und ein göttliches Leben in der innigsten Vereinigung mit Gott (Hos. 2,20).

Was ich hier gesagt habe, ist vom Einkehren in uns selbst, wodurch wir Gott finden. Nachdem wir aber Gott selbst gefunden, müssen wir eher von uns selbst ausgehen, bevor wir in Gott eingehen und mit Ihm vereinigt werden können, dass Er allein unser Leben werde (Gal. 2,20).

O dir ganz allein gebenedeiter Heiland! der du uns bösen Sündern diesen allerseligsten Heilsweg eröffnet, und durch dein entsetzliches Leiden und deinen schmerzlichen Tod eine so große Seligkeit aus reiner Liebe zu uns, die ohne Absicht auf dich war, zuwege gebracht und durch dein teures Blut erworben hast, dir sei ewig, ewig Lob, Preis und Verherrlichung von uns und allen deinen Kindern dafür gebracht! O Jesu! schenke uns deine reine Gottesliebe, womit du ewig wieder geliebt zu werden verdienst! Halleluja! Amen Jesu!

Nun ist noch übrig die zweite Redensart der wahren Gottesgelehrten in der Kürze zu berühren, da sie sagen, dass die Seele, die durch die Einkehr in sich selbst Gott gefunden, nun aus sich selbst ausgehen müsse, um zur völligen Vereinigung mit Ihm zu gelangen. O! wie vortrefflich harmonieren diese Redensarten miteinander, denn die erste, das Einkehren in sich selbst, ist das wahrhafte Gebet; und das Ausgehen aus sich selbst, aus aller Eigenheit und Selbstgefälligkeit, ist die vollkommene Selbstverleugnung.

Ich gestehe es aber, dass meine Unerfahrenheit mich schüchtern macht, von dieser tiefen Wahrheit etwas zu sagen, zumal auch die Dunkelheit dieses Weges, worin man aus sich selbst ausgeht, dem menschlichen Verstande so sehr verborgen ist, selbst denen, die diesen Weg wandeln, wie es der Psalmist bezeugt (Ps. 73,22). Doch will ich nach dem wenigen Licht, so mir davon scheint, und nach der Gnade, so Gott mir dazu schenkt, unter seinem Beistand nur etwas Weniges und als überhaupt davon melden.

Die in der göttlichen Weisheit erfahrenen Lehrer und wahre Nachfolger Jesu Christi wollen denn mit dem Ausgehen aus sich selbst eben dasjenige sagen, was ihr lieber Meister und Vorgänger mit diesen Worten sagte, wenn es heißt in Luk. 9,23: Verleugne dich selbst, nimm dein Kreuz auf dich und folge mir nach. Wodurch Er gleichsam also spricht: Du musst, wenn du mein rechter Jünger sein willst, dich verleugnen in allem, was dir sowohl äußerlich als innerlich Widriges begegnet, in allem äußerlichen Kreuz, in Schmach, Verachtung, Verspottung, Verfolgung, Beneidung, Krankheit, Verlust der Güter und Ehre dieser Welt usw.; ja alles Unrecht, Trübsal und Leiden, das dir entweder mittelbar durch Menschen oder sonst unversehens zustößt, das leide in Geduld. Verleugne darin stets deinen Willen, nimm dieses Kreuz willig auf dich, mit Hintansetzung und Nicht-anhörung deiner Vernunft in gänzlicher Unterwerfung deines Willens unter den Willen Gottes, und sehe darin allein auf die Hand und Vorsehung Gottes, der diese Leiden zu deiner eigenen Besserung und zur Auswirkung deiner Seligkeit aus lauter Liebe zu dir über dich kommen lässt. Darum so trage sie deinem Heiland und Vorgänger willig nach (Hebr. 12,2-3), obschon diese Leiden und Widerwärtigkeiten deiner Natur bitter sind.

Nicht allein aber verleugne dich in allem äußerlichen Kreuz und Widerwärtigkeiten, sondern auch vornehmlich in den unmittelbaren und inneren Leiden, die dir begegnen, als alle Anfechtungen und Versuchungen deiner Natur und des bösen Feindes, alle Züchtigungen und Verbergungen Gottes in deinem Inwendigen, alle Beraubungen der empfindlichen Liebe, des wahrnehmlichen Friedens und salbungsvollen Geschmacks, samt allen wahrnehmlichen Tugenden, Gaben, Gnadengeschenken und Tröstungen Gottes. Alle Trostlosigkeiten, Dürre, vielfältige Zerstreuungen deiner Sinne und große Unvermögenheiten deiner Seelenkräfte, alle Verdunkelungen, Entblößungen und Bedrängnisse deines Gemüts und Angst deines Geistes; nicht weniger allen

Unglauben und Zweifel von deiner Vernunft über deinen armselig scheinenden Seelenzustand, wie auch dein großes Elend, Verdorbenheit und Armut, deine Strauchelungen und Gebrechen, die Empörungen deiner Natur und Leidenschaften usw., mit einem Wort: In welchem Kreuz und in welcher Gemütsbeschaffenheit du dich auch immer finden mögest, trage nur dieses alles in Geduld Jesus als deinem Vorgänger und Muster willig nach, ohne deine Vernunft anzuhören.

Überlasse dich in allen diesen geistlichen Nöten und Leiden, ohne dass du es anders verlangst, mit Verleugnung deines eigenen Willens, unumschränkt der göttlichen Liebeshand und dem allerliebsten, wohlgefälligen Willen deines himmlischen Vaters, als ein gehorsames, willenloses Kind, das sich seiner Mutter unbedingt überlässt, und sich hin und her werfen lässt, ohne für sich selbst Sorge zu tragen, noch an sich zu denken. Ebenso mache du es wie ein solches Kind (Luk. 18,17), und siehe von dir selbst ab auf das Wohlgefallen und den liebsten Willen Gottes, darin du eine beständige Ruhe und Seligkeit finden wirst, und wovon dir diese Kreuze zugesandt werden zu deiner Erneuerung und Heiligung, ja um dich zu reinigen und gründlich zu heilen von deinem Hochmut und deiner Eigenheit, die Gott im Wege stehen, womit dein Geist befleckt ist (2. Kor. 7,1), auf dass du wieder eingehen und völlig vereinigt werden könnest mit Gott, deinem Ursprung und Leben.

So viel also, und wohl noch mehr als hier in der Kürze gesagt worden ist, hat es auf sich, wenn unser lieber Heiland sagt: Verleugne dich selbst! Und dies ist es auch, wovon die geheimnisvollen Lehrer geredet haben, wenn sie sagen: Gehe von dir aus oder verlass dich selbst, welches also die Verleugnung seiner selbst ist, womit notwendig das Gebet oder das Einkehren in sich selbst verpaart und verknüpft sein muss.

Denn durch das Einkehren in sich selbst, welches ein Zunahen der Seele und Anhangen an Gott ist, fließt derselben die göttliche Kraft und Gnade (aber sehr geistlich) von Gott selbst zu, ihrem Geiste zur Stärkung, um diese dürre Wüste und das dunkle, wasserlose Seelenland (Ps. 84,6-7) durchwandern zu können. Doch fließen diese göttlichen Stärkungen ganz geheim und sehr verborgen nur dem Geiste zu, ergießen sich demnach nicht auf die Seelenkräfte, welche dadurch nur wirksam werden und alsdann das Werk Gottes in der Seele hindern und beflecken würden, welches also die Ursache ist, warum sie der Herr also in solch großer Unvermögenheit und Ohnmacht hält. Der Herr teilt diese Stärkungen im innersten Grunde nur bloß dem Geiste mit, verborgen vor den Sinnen und der Seele. Somit kann die Seele dieselben auch nicht durch ihre Anmaßung und Eigenheit beflecken.

Wenn nämlich diese göttliche Stärke, die der Geist unmittelbar von Gott erhält, der Seele wahrnehmlich wäre, so würde sie diese reinen, göttlichen Einflüsse nicht allein durch ihre Eigenheit beflecken, sondern auch durch dieses Wahrnehmliche nur umso fester und länger in sich selbst, d.h. in ihrer Eigenheit und Eigenliebe stecken bleiben. Sie muss aber aus sich selbst ausgehen, und alles Empfindliche, Wahrnehmliche und Schmackhafte in ihrem Inwendigen überschreiten (auch alles was die Sinne erregt und ins Leben setzt), und solches um Gottes willen verleugnen, denn das ist jetzt der Wille Gottes für sie. Sie muss ihren alten Menschen ausziehen und mit dem neuen Menschen Jesu Christo bekleidet werden (Kol. 3,9). Darum wird dem Geist allein durch Gott selbst inwendig alle nötige Stärkung in diesem dunklen Glaubensweg (wodurch Er alle Seelen führt, die Er aus reiner Gnade zu seiner Vereinigung erheben will) mitgeteilt, und zwar vermittelst des inneren

Gebets, obschon die Seele glaubt und es ihr also dünkt, dass Gott dasselbe nicht erhöre, sondern sie vielmehr von Ihm weggestoßen werde, und Er sich als ein Feind gegen sie stelle (Hiob 30,20; Ps. 69,4).

Es ist aber wohl zu merken, dass die Seelen, die aus sich selbst, d.h. aus ihrer Eigenheit und Liebe ihrer selbst vermittelst des dunklen und ganz entblößten Glaubens sollen ausgehen, um eingeführt zu werden in die lautere Liebe Gottes, die ohne Absicht auf sich selbst ist, dass, sage ich, solche Seelen recht tief im inneren Gebet gegründet sein müssen, und in keinen sinnlichen Übungen mehr Geschmack noch Nahrung finden, ja schon eine Zeitlang nicht mehr gefunden haben, sondern dass die Sinne sehr entkräftet, trocken, dürre, dem Geist untertänig und mit demselben vereinigt worden, durch den starken, inwendigen, göttlichen Zug der friedvollen, schmackhaften Salbung, der (wie die Braut im Hohelied sagt) alle Seelenvermögen ins Innere zu Gott laufen macht, und aus allem sichtbaren, sinnlichen und mannigfaltigen Wirken kräftig herauszieht, sie auf eine unmittelbare Weise belehrt (1. Joh. 2,27), und sie in die wahre Einfalt und Stille versetzt, damit der Herr mit seiner göttlichen Wirkung in ihr mächtig werde.

Nicht allein aber dieses, sondern es werden solche Seelen, die aus sich selbst ausgehen sollen, zuvor in ihrem Inneren viele Abwechslungen, nämlich bald zarte Salbungen, bald aber auch merkliche Verdunkelungen gewahr. Diese Verdunkelungen halten durch die Zeit auch immer länger an, und die inneren, schmackhaften Salbungen der Liebe und des Friedens werden hingegen kürzer und sparsamer, dabei aber auch so viel zarter, unwahrnehmlicher, geistlicher und tiefer, so dass die Seele sich in einem ungefühligen, dunklen Frieden findet, den sie immer einfältiger, bloßer und tiefer in ihrem Inwendigen in größerer Erweiterung des Herzens gewahr wird, wobei sie keine inneren Liebeswirksamkeiten mit Geschmack tun kann, denn sie findet die empfindliche Liebe nicht mehr, sondern eine unempfindliche, trockene Liebe, die den Sinnen und Seelenkräften keine Nahrung gibt, ebenso wenig wie ihre unempfindliche, verdunkelte, innere Ruhe, welche sich in ihr ohne Geschmack und gleichsam als natürlich zeigt. Und dadurch findet sich die Seele dann in dieser inneren Einfältigkeit an ihren Seelenkräften nach und nach immer schwächer, ärmer und unvermögender, ja öfters gleichsam wie zerschlagen; woraus dann folgt, dass sie unlustig und unvermögend ist, in etwas Mannigfaltigem wirksam zu sein. Hierzu kommt noch, dass sie sich in ihrer Sinnlichkeit sehr trocken, dürr, leidend und bedrückt, ja öfters gar zerstreut und heftig angefochten findet, von allerhand sehr quälenden Gedanken, bei welchem allem dann auch das Gesicht ihrer Verdorbenheit und ihres Elends bei ihr immer größer wird.

Dieses sind dann die Vorboten und Kennzeichen bei solchen Seelen, die Gott aus ihnen selbst aus- und in sich einführen will durch einen dunklen und bloßen Glauben, worin Er sich mit ihnen aufs genaueste vereinigen will, wie Er in seinem Worte solches so kräftiglich bezeugt.

Den Seelen, die so beschaffen sind, gilt dasjenige, was die Lehrer der göttlichen Weisheit sagen: Ihr müsst von euch selbst ausgehen. Denn die anfangs begnadigten, noch in der Betrachtung stehenden Seelen sollen noch erst in sich selber einkehren, Gott ihren Ursprung und Heiland in ihrem Inwendigen zu suchen (und zwar auf eine solche Weise, wie in dem ersten Stück dieses Briefes und in dem nächst vorhergehenden ist gemeldet worden), damit sie von Ihm die Kraft holen, um die Welt und das Sichtbare mit der ganzen Kreatur zu verleugnen, sich allem demjenigen, was Gott missfällig, zu entschlagen, ihr Fleisch zu kreuzigen samt dessen bösen Lüsten und Begierden (Gal. 5,24), und allda bei Ihm einen sicheren Hafen vor allen Sturmwinden der Anfechtungen und Versuchungen finden mögen (Jer. 16,19; Ps. 119,114; Spr. 18,10). Und wenn solche Seelen dann in sich selbst eingegangen sind, und Gott in sich gefunden haben, so versetzt sie der Herr doch noch sobald nicht in den Zustand dieser Seelen, wovon hier die Rede ist, und die aus sich selbst ausgehen sollen.

Sie sollen dann ausgehen aus sich selbst, aus ihrer Eigenheit, Liebe zu sich selbst und eigenem Leben, Wahl und Willen, womit sie sich noch selbst im Wege stehen, womit sie in die tröstlichen, süßen Gnadengaben verliebt sind, und womit sie in Eigenheit an den Liebesempfindungen und dem Geschmack eines wollustvollen, wahrnehmlichen Friedens im Innern so gerne hangen bleiben, und in eigener Anmaßung das von Gott empfangene Gut und die Tugenden besitzen usw. Denn alles dieses und dergleichen mehr, worin sich diese Seelen selbst gefallen, verhindert sie an der göttlichen Vereinigung. Und deswegen sieht sich der Herr genötigt, ihnen alle diese Reichtümer, womit Er sie ausgeschmückt hatte (Hohel. 4), nach und nach wieder zu entziehen und zu sich zu nehmen, damit sie solches alles überschreiten und durch eine vollkommene Übergabe ihrer selbst an Gott ausgehen mögen aus sich selbst, und aus ihrem eigenen Leben in Gott, der ihr wahres, ursprüngliches Leben ist, und der sich nicht anders als durch einen dunklen, entblößten Glauben mit ihnen vereinigen will. Wohin sich aber, ach schade! so wenig innere Seelen führen lassen aus Mangel an Treue und Herzhaftigkeit, und dass sie nicht alles überschreiten, um in der Blöße des Glaubens Gott zu folgen.

Denn dieser bloße Glaube, wohinein Gott die Seele führt, und durch welchen Er sich gleichsam als in einer Dunkelheit, womit Er umgeben ist (1. Kön. 8,12; Ps. 97,2), zu ihr naht, reinigt sie von aller Anklebung, Eigenheit, Eigengesuch und Liebe zu sich selbst und allem dem, was Gott nicht ist. Er tötet in ihr die verderbte Natur, ihre eigene Wahl und Willen, und zieht die Seele aus sich selbst aus, so dass sie allmählich von sich selbst entweicht, sich selber abstirbt und allem dem, was nicht Gott selbst ist, wie z.B. allen geistlichen Gütern, allen Tugenden und allem Guten usw. - Ja sie muss über alle Fassungen ihres Gemüts hinausgehen und sich selbst vergessen durch das Abscheiden von sich selbst, von ihrer Eigenheit, eigenem Willen und Liebe ihrer selbst. Sie muss gelangen zu einer lauteren Liebe in Gott, welche allein in der göttlichen Vereinigung Platz hat (Ps. 115,1; Ps. 73,26; Mt. 26,39).

Sobald nun also dieser Glaube die Seele umgibt, beraubt Er sie inwendig ganz von allem Schmackhaften, Empfindlichen und Gefühligen, ja von aller sonst so reichlich empfundenen Salbung der Liebe und des Friedens. Kein Licht, Kraft, Trost noch Süßigkeit teilt Er ihr mit, obschon Er dieses alles in vollem Masse in sich fasst, und Gott selbst in diesem Glauben das Wesen und der Ursprung von diesem allem ist. Dieser Glaube entblößt vielmehr die Seele von diesen göttlichen Gnaden, auf dass sie aus sich selbst ausgehe, da sie sonst in sich selbst an diesen Gnadengaben Gottes hangen bliebe. Deswegen macht Er sie davon recht arm, und setzt den Verstand in Dunkelheit, und den Willen in die Blöße (Hiob 19,8-9; Ps. 143,3), beraubt von allen Tugenden, von allem Guten und allen Gunsterweisungen Gottes, dass sie sich gleichsam aus dem Frieden verstoßen glaubt (Klagel. 3,17-19).

Da nun überdies ihre Sinne sich auch in großer Dürre, Anfechtung und Zerstreuung befinden, so glaubt sie ferner, ihre Seele wäre den Feinden zum Raub übergeben, und Gott hätte einen Ekel an ihr, ja dass Er von wegen ihrer Sünden sie nun verstieße und seine Hand gegen sie gewendet hätte (Ps. 3,2; Hiob 30,20-21). Denn ihr Geist ist mit Angst, Not, Bedrängnis und vielen Leiden umgeben (Ps. 25,27), und die Seele liegt in der größten Ohnmacht und Schwachheit an ihren Seelenkräften darnieder, wobei sie auch öfters mit großer Furcht und Verzweiflung über ihren jetzigen Zustand sich eingenommen findet, wenn sie ihren früheren Seelenzustand und die darin gehabte Herrlichkeit dagegen betrachtet (Hiob 29). Hierzu kommt ferner, dass sie öfters von ihren Leidenschaften und Affekten bestürmt, und von ihrem bösen, verdorbenen Teil zur Sünde angetrieben wird, dass sie sich manchmal ekelhaft zum Gebet und allem Guten fühlt, ja öfters (und welches ihr wohl am allerschmerzhaftesten ist) selbst an Gott, den sie doch über alles so herzlich liebt, der sich aber jetzt ihr ganz verborgen hält, und wie es scheint, all ihr Schreien, Weinen und Beten nicht hört und auf ihren großen Jammer, Ohnmacht, Angst und Not, ja alle ihre Armseligkeiten nicht mehr achtet (Klagl. 3). Dies ist aber nicht so zu verstehen, als ob die Seele in diesem Zustand das Böse wollte. O nein! sie will von Herzen das Gute! aber sie weiß nicht, dass sie es will. Vielmehr glaubt sie das Böse zu wollen, das sie doch nicht will, wie Paulus solches von sich selbst bezeugt (Röm. 7,15).

Ob zwar nun diese Seele, nachdem sie der Herr vermittelst des bloßen Glaubens von aller Eigenheit gereinigt und wieder zu seinem Ebenbild erneuert hat (Kol. 3,10), ein unaussprechliches Gut, nämlich Gott selbst, bekommt, so ist sie doch, solange sie sich in diesem Trübsalsofen befindet (Jes. 48,10), höchst mitleidungswürdig anzusehen. Gleichwohl aber, wenn sie ihre von Gott geraubten Tugenden, ihr Gutes und ihre Gnadengaben dem Herrn gutwillig losließe, sich dem göttlichen Wohlgefallen in allem willig unterwürfe, sich selbst vergäße und von sich ausginge, so würde sie meist aller ihrer Not erübrigt bleiben und wenig zu leiden haben. Da solches aber leider sogar selten geschieht, so müssen die Seelen in diesem dunklen Glaubenspfad durch solche Beraubungen und Entblößungen also gereinigt und gedemütigt werden.

Vor diesem war diese Seele (da sie in dem salbungsvollen, inneren, friedsamen Geschmack stand) durch die angemaßten Gnadengeschenke, vermöge welcher der Herr ihr die Tugenden und das Gute mit großer Lust ausüben ließ, reich in ihr selbst und besaß diese Schätze in ihrer Eigenheit, gerade als wenn es ihre eigenen Güter, Tugenden und ihr eigenes Gute gewesen wäre, darin sie sich selbst liebte und womit sie hochmütig prangte, und sich viel darauf einbildete. Sie war dadurch jenem hochmütigen Pharisäer ähnlicher, als dem demütigen Zöllner (Luk. 18,10). Jetzt aber, in diesem bloßen Glauben von dem hellsten Licht Gottes umleuchtet, findet sie sich voll von Bösem und grundverdorben, und sieht sich also in ihrer wahren Gestalt, die sie aufs tiefste demütigt. Sie erkennt, dass das Böse, das Elend und die Sünde selbst ihr rechtmäßiges Eigentum ist, welches die wahre, gründliche Selbsterkenntnis nach der Erfahrung ist, die ihr die wahre Erkenntnis Gottes zuwege bringt, den sie in ihrer Vernichtung kennenlernt als alles in allem (1. Kor. 15,28), dass Er allein alles Gute, alle Heiligkeit, alle Tugenden und Vollkommenheit besitzt, und dass außer Ihm nichts Gutes ist. Sie erkennt, dass alle Menschen, die sich auf das Gute in sich etwas einbilden, Lügner sind (Ps. 116,11), und nur allein in Gott die Wahrheit wohnt, weil Er allein gut, ja das höchste Gut selbst ist (Mt. 19,1).

In dieser gründlichen Erfahrungserkenntnis sieht die Seele nun wesentlich ein, dass alle die Tugenden und all das Gute mit allen geistlichen Gaben und Gnadengeschenken, welche sie vorhin besessen, ihr selbst gar nicht, sondern ganz allein Gott zugehört haben. Sie sieht ein, wie so schändlich sie Ihm dieselben durch ihre eigene Anmaßung geraubt und in der Eigenheit besessen habe, als ein unrechtmäßiges Gut, wofür sie bestraft zu werden verdient. Ja, sie sieht sich an als eine große Missetäterin, welcher der Herr so viel Liebe und Gnade bewiesen, und wogegen sie sich gar schlecht betragen, so dass sie also billig aller göttlichen Strafen, ja selbst des ewigen Verderbens würdig sei.

Diese Erkenntnis beugt die Seele darin aufs tiefste vor Gott, und bringt in ihr hervor die wahre Furcht Gottes, als der Anfang der göttlichen Weisheit (Ps. 111,10), und der Schlüssel aller göttlichen Tugenden, womit sie hernach in Gott geziert ist (Ps. 34,10). Und diese kindliche Furcht wird in dem Umgang und in der Vereinigung mit der höchsten Majestät unumgänglich erfordert.

Diese Seele sieht sich zudem in sich selbst an als ein Scheusal vor Gott, die nichts anderes als Strafe verdient. Sie gibt Gott recht, dass Er sie von den Ihm geraubten Gütern wieder entblößt hat. Ja sie fängt an, in ihrem Elend, Armut und in der Entblößung alles Guten, in ihrer tiefen Ohnmacht und Unvermögenheit sich nicht allein zufrieden zu geben, sondern weil sie so klar sieht, dass sie die Bosheit und Sünde selber ist, so tritt sie gar von sich selbst und von ihrem bis dahin gesuchten, eigenen Interesse ab durch eine gründliche Selbstverschmähung und heiligen Hasses ihrer selbst, und hält sich demnach selbst für ihren größten Feind, den sie unwissend bis dahin bei sich getragen; so dass sie stets einen großen Abscheu an sich selbst hegt.

Hier alsdann geht die Seele erst gründlich von sich selbst aus, und geht ein in die völlige, wirkliche Überlassung an den liebsten Willen Gottes, womit sie sich vereinigt und also nach und nach in Gott eingeht, um allein von der lauteren, reinen Liebe, die allein das Interesse Gottes beäugt, zu leben, welches dann die andere Folge dieser gründlichen Erfahrungserkenntnis ist. Nun unterwirft sie sich in allem Gott und dessen liebstem Willen, indem jetzt ihr eigener Wille verloren ist. Sie fängt an, in allem die Ehre und Verherrlichung Gottes zu beäugen, auf sich selbst aber und auf ihrer Seelen Wohl und Seligkeit (welche sie ganz dem Wohlgefallen Gottes anheimstellt) nicht mehr zu denken, viel weniger noch, dass sie dieselbe als einen Lohn von Gott verlangen sollte. Und auf diese Art verliert sie ihre Seele in Gott, allwo dieselbe am besten aufbehalten ist zum ewigen Leben.

Da diese Seele nunmehr ohne eigene Wahl ist, und selbst ihre Seligkeit als ein eigenes Gesuch ohne Gottes liebsten Willen nicht will noch begehrt, wieviel weniger verlangt oder begehrt sie dann nunmehr seine Gnadengeschenke, Gunstbeweisungen, Mitteilungen und Tröstungen für sich selbst. Sie hat, da ihr eigenes Wollen und ihre eigene Wahl nicht mehr da ist, nun kein Eigengesuch mehr. Es mag daher eine sie betreffende Sache so gering und so hoch sein als sie will, so ruht sie darin lediglich im Willen Gottes, mit dem sie sich aufs genaueste vereinigt findet, in welchem sie in einem beständigen und ununterbrochenen Frieden lebt, und der ihr ganzes Vermögen und ihre Zufriedenheit ausmacht.

Sie hat demnach nichts mehr zu tun, als darauf zu achten, nicht mehr aus Gott auszugehen um in sich selbst zu kehren, sondern in aller Untertänigkeit und

Gehorsam (1. Kön. 3,9) folgen möge dem Trieb des Geistes Gottes (Röm. 8,14), wie sie in allem, was ihr vorkommt, Gott verherrlichen und auf Ihn und sein Wohlgefallen sehen, ja wie sie ihren Gott rein, lauter und ohne Absicht auf sich selbst, auf ihr Heil und Seligkeit, aus ganzer Seele und aus allen Kräften (sowohl in seinen Verbergungen, in den Leiden und Entblößungen, als im Genuss seiner süßen, unaussprechlichen Mitteilungen und dem Vorgeschmack der zukünftigen Welt) einzig und allein lieben möge (Mk. 12,30), und dass sie allein ihre Zufriedenheit setze in die Seligkeit, Ehre und Verherrlichung ihres Gottes, in welchen sie durch das Ausgehen aus sich selbst und die Absterbung aller Eigenheiten eingegangen, so dass sie nicht mehr sich selbst lebt, sondern Gott allein, der sie lebendig gemacht hat, und ihr mitgeteilt sein göttliches Leben, in welchem sie lebt mit Christo verborgen (Kol. 3,3), der ihr wahres Leben ist (Gal. 2,20), da sie der göttlichen Natur durch die innigste Vereinigung mit Gott teilhaftig (2. Petr. 1,4) und in sein Bild vergestaltet (2. Kor. 3,18), ja gar ein Geist mit Ihm wird (1. Kor. 6,17).

Ein jeder sieht also aus diesem wenigen, so wir als noch Unerfahrene hier überhaupt gemeldet haben, aus welch einer hohen Ursache die hoch erleuchteten Lehrer der himmlischen Weisheit so sehr auf das Ausgehen aus sich selbst dringen, und welch eine große Seligkeit, welch ein Friede und großer, herrlicher Reichtum (Kol. 1,27), welch ein unaussprechliches Los und liebliches Erbteil (Ps. 16,6) auf dieses Ausgehen folgt. O selige Seelen, die sich dahin bringen lassen! Ihr Glück und ihre Seligkeit ist allzu unaussprechlich, so dass es nur erfahren, aber nicht beschrieben werden kann! Aber man findet solche Seelen leider sehr wenig, ja jetzt nur allzu wenig bei uns. Woran fehlt es aber anders als daran, dass wir Gott nicht genug treu und folgsam sind, um uns aus dem bitteren Leben unserer selbst und aus unserer Eigenheit ausführen zu lassen.

Solange eine Seele noch in der Eigenheit steht, und mit vielem Guten und göttlichen Tugenden sich ausgeschmückt sieht, daneben die Salbungen des liebevollen Friedens im Innern noch in der Empfindung und dem Geschmack hat, wodurch sie Gott stets näher kommt und von allem Sichtbaren, Kreatürlichen und Sinnlichen abgezogen wird, solange ist es derselben eine große Not und sehr beschwerlich, nur einen Tag davon entblößt und in der Dunkelheit zu sein. Daraus kann sie dann genugsam erkennen, dass selbst die Natur nebst der Eigenheit auch noch ihr Leben und Stütze an diesen innerlichen, göttlichen Gnadengaben genommen, und dass sie noch kaum dem Anfang nach in die gänzliche Übergabe ihres Willens an Gott eingegangen, und also noch gar nicht mit Gott in der Vereinigung steht. Denn in der vollkommenen Übergabe an Gott folgt die Seele dem Herrn ganz unbedingt, und hält sich Ihm leidend und gelassen in allem, was Er mit ihr macht. Sie vertraut Ihm alles an, und verlässt sich ganz auf Ihn (Ps. 84,13). In dieser gänzlichen Übergabe sucht eine Seele ferner vor Gott ohne Wahl zu bleiben, nimmt demnach die Dunkelheit, Blöße und Bedrängnis ebenso williglich von seiner Hand an (trachtend dabei in ihrem Inwendigen bei Gott eingekehrt zu bleiben, obschon Er sich ihr verborgen hält), als den Geschmack der innerlichen Süßigkeit und der friedsamen Liebesgegenwart. Ja selbst, wenn sie mit vielen Anfechtungen und zerstreuenden Gedanken so umgeben ist, dass sie sich davor fast nicht verbergen kann, so läuft sie doch nicht aus ihrem Innern von Gott ab nach der hilflosen Kreatur und den geistlichen Mitteln (die ohne Gott wenig Trost geben können), um Nahrung, Ruhe und Erquickung für sich zu suchen. Sie sagt vielmehr diesem allem ab (Luk. 14,33), und damit ihr desto eher geholfen werde (Jes. 30,15), hält sie Gott stille unter allen Nöten, Zerstreuungen, Kreuz und allen Anfechtungen.

Und auf solche Weise müssen alle inneren Seelen sich betragen, die in diesem Leben noch zu einem beständigen Frieden und zur innigsten Vereinigung mit Gott gelangen wollen, wohin sie der Herr auch durch seinen Liebeszug so kräftig zieht und lockt; dass sie alles, auch sich selber überschreiten, sich Gott gänzlich anvertrauen, Ihm sich völlig schenken und alle seine Wege, die Er sie führt (wenn sie ihrer Vernunft auch noch so ungereimt scheinen), sich Wohlgefallen lassen sollen (Spr. 23,26). Sie müssen dann stets Gott folgen und zwar erstlich, dass Er sie zu einer wahren Stille und Einfältigkeit bringe (allwo die inneren Seelen viele Abwechslungen erfahren), und zweitens, dass sie nach und nach von dem Schmackhaften und Wahrnehmlichen abgeführt werden. Sie müssen dagegen aber in eine mehr geistliche und unwahrnehmliche, innere Gemütsfassung eingeleitet werden, wo zartere und geistlichere Salbungen des Friedens in einer größeren Weite und in einem ausgebreiteteren Herzen wahrgenommen werden. Da wird sich dann auch eine solche Seele an ihren Seelenkräften um ein merkliches schwächer und in ihren Sinnen mehr zerstreut finden als vorher, wobei die Erkenntnis ihres Grundverderbens und Elends immer mehr zunehmen wird. Und weil dieser Zustand der Sinnlichkeit wenig Nahrung und der Natur wenig Kraft und Futter gibt, so hat eine treumeinende Seele sich wohl in acht zu nehmen, dass sie dieser ihrer Sinnlichkeit und Natur, die so gerne Veränderung suchen, den Zügel nicht schießen lasse, sondern so viel wie möglich sich einsam und zu Gott in ihr eingekehrt halte. Ebenso hat sie sich auch in den Anfechtungen und Dunkelheiten zu verhalten, welche nebst den Zerstreuungen die

Vorboten des dunklen, bloßen Glaubens sind, und welche Dunkelheiten im Verstande und Entblößungen im Willen in diesem Wege von Zeit zu Zeit mehr und mehr überhand nehmen. Die Seele muss sich dadurch nicht befremden lassen, denn es ist der Weg, darauf sie zur allerhöchsten Glückseligkeit und zur völligen Ersättigung ihres Geistes gelangen wird, wenn sie nur darin treulich fortgeht, ihren Willen zu verleugnen und denselben willig unter allen heilsamen Gotteswillen in Demut zu unterwerfen sucht, wozu sie durch die oftmalige Einkehr zu Gott in sich selbst Kraft, Mut und Gnade erlangen kann. Ja in dieser inneren Einkehr kann sie recht ihre Überlassung an Gott ausüben, wenn sie in inwendiger Stille, mit eingesammelten Seelenkräften dem göttlichen Zug in sich treulich folgt, und seiner Einsprache und Wirkung gehorsam und gelassen wird. Gleichzeitig muss sie alle Sturmwinde der Anfechtungen und Leiden über sich ergehen lassen, und solche in Geduld Christo nachtragen mit einem männlichen Herzen, um nicht zu weichen in den ihr begegnenden Dunkelheiten, Bedrängnissen und Entblößungen. Alsdann wird der Herr in ihr sein Werk sehr beschleunigen, und sie nach seinem liebsten Wohlgefallen bewirken, reinigen und heiligen, ja sie bald aus sich selbst ausziehen und erheben zu seiner innigsten Vereinigung.

O dass wir dann doch möchten recht treu sein, sowohl in der stetigen Liebeseinkehr in uns selbst zu Gott, als auch darin, dass wir uns in der Unterwerfung und unbedingten Überlassung an seinen heilsamen Gotteswillen in dieser inneren Einkehr vor Ihm halten, wenn es auch scheint, dass Er uns verlassen, seine nahe Gegenwart entzogen und sein liebevolles Angesicht verborgen habe. Denn wenn wir Ihn mehr als uns selbst lieben, so werden wir darin die Probe unserer Liebe gegen Ihn ablegen können (welches Er auch fordert, dass wir es tun sollen), dass wir damit zufrieden sind, wenn Er seine süßen Gnadensalbungen der Liebe und des Friedens (woran wir mit Selbstgefallen in Eigenheit kleben und also verhindert werden, von uns selbst auszugehen) in Dunkelheiten, Entblößungen und Bedrängnisse verwandelt. Denn dadurch sollen wir von uns selbst losgemacht und aus uns selbst ausgetrieben werden.

Dieses wird aber an uns nicht geschehen können, es sei denn, dass wir in diesen dunklen Wegen inwendig still und gelassen bei Gott ausharren (Ps. 130,5-8), unsere Hoffnung auf Ihn setzen, im Glauben auf denjenigen schauen, den wir nicht sehen (Hebr. 11,1), und in der lautersten Liebe an Ihm kleben bleiben, ohne eine empfindliche Liebe zu schmecken, die uns anreizen würde, Ihn zu lieben. Denn das heißt nicht Gott ohne eigene Absicht und lauter lieben, wenn die Seele ins Lieben gesetzt und von dem Empfindlichen und Schmackhaften dazu gedrungen wird. Solche Seelen sind noch sehr weit von den wahren Liebhabern Gottes und also von der lauteren Liebe entfernt, welche allein diejenigen besitzen, die von allem Geschmack der Liebesempfindungen entblößt sind, und dennoch Gott lieben und Ihm anhangen; welche in den Bedrängnissen ihres Geistes, in der Entblößung ihres Willens, in der Dunkelheit ihres Verstandes, in den Zerstreuungen, Dürre und Anfechtungen ihrer Sinne, in dem Gefühl ihres großen Elends, Armut und Kraftlosigkeit, beraubt von allem Guten und allen Tugenden, sich dennoch auf den Herrn verlassen (Ps. 84,13), auf Ihn harren (Micha 7,7), und dabei inwendig stille vor Ihm bleiben, obschon Er sich verborgen hält. Solche Seelen sind die wahren Liebhaber Gottes, ja die echten Jünger und Nachfolger Christi (Gal. 2,20), welche in der Tat dem göttlichen Willen gelassen und ganz ergeben sind.

Also muss das Verhalten aller inneren Seelen sein, und also müssen sie Gott in den dunklen Wegen mit der Übergabe ihres ganzen Willens folgen, sonst bleiben sie weit von ihrem Ziel zurück, und gelangen nicht in diesem Leben zu der göttlichen Vereinigung, wohin sie von den in der heimlichen, göttlichen Weisheit erfahrenen Lehrern so treulich hingewiesen werden, wenn dieselben zu ihnen sagen: Geht doch aus von euch selbst, aus eurer Eigenheit, und bequemt euch nach Gott und seinem liebsten Willen durch einen unbedingten Gehorsam und ein williges Unterwerfen an Ihn, damit Er also sein göttliches Werk der Heiligung und Erneuerung in euch gründlich anfangen, solches beschleunigend fortsetzen und vollenden könne, damit Er euch ausführe aus dem bitteren Leben eurer selbst und euch einführe in das Leben Gottes, da wir nicht mehr uns selbst, unserer Eigenheit und eigenem Willen leben, sondern Christus in uns leben wird.

Und dieses ist dann die ganze Absicht Gottes an uns. Darum muss Er uns auch solche der Vernunft, Natur und Eigenliebe entgegenstehende, dunkle und bittere Wege führen, und die vorher geschenkten Gnaden und Tugenden, sie mögen noch so hoch und geistlich sein, wieder verbergen und uns eher davon entblößen. Denn durch solche werden wir verhindert, in unseren Ursprung wieder einzugehen, wohin sich doch unser Geist, als zu seiner ewigen Ruhe, so stark und kräftig sehnt. Denn wir sitzen fest in uns selbst an diesen allein Gott angehörenden Gnaden und Tugenden. Wir lieben solche als unser Eigentum, und bilden uns heimlich darauf etwas ein, da wir doch von uns selbst nichts als Sünde und Elend sind. Diese Eigenheit steht also Gott im Wege, und erfüllt den Ort in unserer Seele, den Gott so gerne mit sich selbst erfüllen möchte. Daher treibt Ihn seine große Liebe und sein Erbarmen zu uns an, uns hiervon zu überzeugen und uns dieses tiefe Grundverderben vor Augen zu stellen, damit wir aus uns selbst herausgejagt und in die Wahrheit versetzt werden. Und das ist die Wahrheit, dass Gott alles Gute ist, wir aber alles Böse.

Diese Erfahrungserkenntnis bringt uns die allergrößte Glückseligkeit zuwege. Daher muss eine innere Seele, wenn Gott sie durch die Entblößung von allen ihren Tugenden und Gnadengaben zu dieser Glückseligkeit zu führen beginnt, Ihm nicht widerstehen und die Gaben in Eigenheit festhalten, sondern in diese Entblößung einwilligen und sich alles rauben lassen. Sie muss mit Hiob sagen: Der Herr hat's gegeben, der Herr hat's genommen, sein Name sei gelobt (Hiob 1,21), und sodann in steter Übergabe an seinen liebsten Gotteswillen stille bleiben. Und das heißt dann aus sich selbst ausgehen, sein eigenes Leben verlieren (Mt. 16,25), oder sich selbst verleugnen (Luk. 9,23), womit aber das innere Gebet, als der Schlüssel aller Schätze Gottes, oder das Einkehren in sich selbst, ganz notwendig verpaart gehen muss. In diesem inneren Gebet mag die Seele sich auch noch so trocken, dürr, unempfindlich, beklemmt, leidend, bloß, dunkel, in vielfältigen, zerstreuten Gedanken und den heftigsten Anfechtungen befinden; es mag ihr dasselbe auch noch so sehr peinlich und zuwider sein, dennoch muss sie darin treulich aushalten und des Tages ihre besonders angesetzten Gebetszeiten (falls sie nicht zurückweichen und ihr Geist ermatten soll) niemals verlassen. Denn durch das Gebet fließt uns alle Gnade und Kraft zu, und Gott gibt sich uns darin selbst.

O welch ein unglaublicher Schaden entsteht den meisten begnadigten Seelen daraus, dass sie sich so wenig dem Gebet ergeben! Die meiste Zeit des Tages, ja fast der ganze Tag wird dem Gott dieser Welt und der

Sorge des Leibes gewidmet, ohne nur eine einzige Stunde (welches ja so wenig ist) in der lieben Einsamkeit mit Entschlagung und Vergessung aller irdischen Geschäfte vor Gott im Gebet zuzubringen. O dass man es doch glauben möchte, was für ein großer Schaden hieraus der armen Seele entsteht! Wie ermattet und zerrinnt hierdurch nicht der Geist, und welche Klagelieder entstehen nicht aus der Unterlassung dieses doch so einzig nötigen und seligen Geschäfts; welche Klagelieder man in diesen Tagen so vielfältig bei erweckten Seelen singen hört. Ach, ihr armen Seelen! Das Gebet ist eure alleinige Arznei! Nahet euch zu Gott, so naht Er sich auch wieder zu euch (Jak. 4,8).

Es muss aber das Gebet mit der Verleugnung verpaart gehen, sowohl bei anfangs erweckten Seelen als bei denen, die durch eine gründliche Übergabe von sich selbst ausgehen; wobei das innere, einfältige, stille Gebet (es mag der Seele darin auch begegnen was da will) stets muss geübt werden. Falls wir uns aber so nicht verhalten, werden wir gewiss zurück- und in uns selbst sitzen bleiben. Wenn wir aber Gott treulich folgen in der Einkehr in uns selbst, und in dem Ausgehen aus uns selbst, alsdann wird der Herr uns dahin bringen, wo unser hungriger Geist vollkommen mit Gott selbst gesättigt und durch die Vereinigung mit Ihm in Eins verwandelt, ja ein Geist mit Ihm sein wird. Amen.